迷宮駅を探索する

渡瀬基樹

星海社

197
SEIKAISHA SHINSHO

はじめに

小さい頃に、迷路パズルで遊んだことはないだろうか。1980年代には巨大迷路ブームが起こった。遊園地のミラーハウスや近年人気の脱出ゲームなども迷路の一種だ。ヨーロッパでは中世頃から修道院などに「迷路園」と呼ばれる庭園が設けられ、日本でも江戸時代には藪で迷路が作られていた。迷路は国境や世代を超えて楽しむことができる、娯楽の一つとなっている。

対して迷宮という言葉には、とかくネガティブなイメージがつきまとう。特に方向音痴の人にとっては敬遠したくなる場所だが、公共交通の要である鉄道駅が迷宮とあっては、避けようにも避けられない。大勢の人が足早に通り過ぎるなか、ゆっくり現在地を確認することもままならない迷宮駅は、悩ましい存在だ。

だが、迷宮駅が全ての人にとって負の存在というわけでもない。迷宮駅の話題が上がると、ナンバーワンは渋谷だ、梅田だ、いやいや名駅だと侃々諤々の議論になりがちだ。親しみのある駅がいかに複雑で難解かを語る様は、まるで贔屓の駅の魅力を力説しているように見える。馴染みのターミナル駅が迷宮駅であることに誇りを持っている人は、案外多いのではないだろうか。

実際に迷宮駅を歩いてみると、それぞれ異なる個性があって飽きさせない。作られたときは小さかった駅が、時代とともに増改築を繰り返し、横方向だけでなく縦方向にも拡大するなど、駅が進化した歴史の痕跡が随所に発見できる。近年では広い床面積を活かした駅ナカ店舗も拡大中で、グルメやショッピングが楽しめる。

出発間近の列車に乗る時や、最短ルートを探す時には厄介な迷宮駅だが、時間にゆとりのあるときに散策気分で歩くなら、駅の中は安全で楽しい空間だ。雨に濡れる心配はないし、車に轢かれる心配もない。疲れたら駅ナカのカフェで休めばいいし、重い荷物を預かってくれるコインロッカーも完備している。案内表示も充実しているから、遠回りさえ厭わなければ、土地勘のない人も目的地へ確実に向かうことができるはずだ。

地理や建物の構造に興味・関心のある人にも、迷宮駅の散策はおすすめだ。東京駅や大阪駅のように敷地が広大なもの、渋谷駅や北千住駅のように階層が複雑なもの、名古屋駅や難波駅のように路線の運用が雑多なものなど、迷宮駅にもいくつかのパターンがある。上野駅や天王寺駅のように台地に隣接した駅は、ホームが上下二層に分かれた構造になっているし、新宿駅や京都駅は連絡通路が上下に分かれている。

このように、あらかじめ駅の構造を整理し、把握しておくと、迷宮駅への苦手意識は少なからず和らぐはずだ。もっとも、迷宮駅は一冊の本で仕組みを理解できるほど簡単な構造ではないし、迷宮駅を歩くときに突き当たる悩みを、本書が全て解消することはできない。構造を理解しやすくなるヒントを提供することで、迷宮駅の探索を楽しむためのきっかけになれば幸いだ。

目次

はじめに　3

第1章
なぜ「迷宮駅」は人を混乱させるのか　11
迷宮駅が日本にのみ存在する理由／私鉄駅が集中して複雑化した郊外ターミナル駅／機械化で大規模駅の建設が可能に／技術革新が駅構造の複雑化を後押しした／迷宮駅の構造を分類してみよう／「改札口」と「出入口」は別のもの／改札内の「連絡通路」と誰でも通れる「自由通路」／地下や陸橋でつながっていれば「駅」の中!?

第2章
東京の巨大「迷宮駅」　37

東京駅
大手町から銀座まで地下でつながる日本の代表駅　38
大名屋敷跡の広大な官有地を活用／横断するなら地上でも地下でも「北口」へ／大深度の「新東京駅」が誕生すれば一気に複雑化／無機質な丸の内と地下街で賑わう八重洲

新宿駅
東西自由通路の開通で改札内の構造が劇的に改善　59
宿場町の西側に広がる雑木林に建設／連絡通路は北側二本が地下、南側二本が高架／ＪＲと私鉄駅は南北に、地下鉄駅は東西に延びる／有効なリニューアルが行われない東口／歴史ある地名を失った西口は道案内が難しい

渋谷駅
平地の少ない谷底の駅は再開発で激変中　78
開業初日の乗客はゼロ！　農村地帯のポッン駅／ＪＲと京王が地上、東急と東京メトロは地下／ホームの移設が完了すれば再開発は最終段階に／階層を把握しにくい複雑な地下スペース／デッキの完成で徒歩移動の主体は空中になる！

池袋駅
上京したての人でも理解しやすい整った形状の駅　90
建設理由はだだっ広いスペースがあったから／碁盤目状の駅構内は構造を把握しやすい／複雑なのは駅の中よりも周辺の道路!?

第3章
全国の巨大「迷宮駅」　105

札幌駅
ジャミロクワイの名曲を生んだ魅惑的な地下街　106
街の発展とともに駅の規模も大きくなった／地下鉄東豊線へは売り場の間の通路を突っ切る／札幌

駅からすすきのまで冬でも快適に歩ける／頑なＪＲ北海道の主張で新幹線駅は「大東案」に

横浜駅

地下街にバスターミナル、駅の東西に迷宮が広がる 118

通過構造にするために駅を二度移転／構造は理想的だが運用が複雑なＪＲ線／上がって下がってを繰り返す地下駅の連絡通路／地下街やバスターミナルも対照的な駅の東西／「日本のサグラダ・ファミリア」がついに完成!?

名古屋駅

巨大な地下街とトリッキーな私鉄駅 133

鉄道建設のために作られた貨物線の副産物／名鉄はあらゆる種別の列車を2線で賄う／「出口」すら色を変えない不親切なＪＲの案内表示／地下街攻略のカギは遠回りを恐れないこと／コロナ禍で再開発の計画が不透明に

大阪駅

広大な地下空間の「西の横綱」を待ち受ける再開発 151

軟弱地盤による地盤沈下との戦いの歴史／上下に分かれる連絡通路と中途半端な中2階／どこに行くかわからない大阪環状線1番ホーム／四つ橋線と谷町線の乗換は要注意！／小店舗が密集している地下街と通行を阻む地下駅／地下新駅となにわ筋線の開通で迷宮度がアップする

第4章 ここにもユニークな「迷宮駅」 175

上野駅
増築の繰り返しで生まれた地表と高架の二層構造 176
彰義隊の戦いで荒廃した寛永寺の了院跡地に建設／頭端式ホームの西側に後から高架の島式ホームを増設／天井の低い中2階と遠回りの3階連絡通路／不便な点が多いのは戦前に竣工した古い駅ならでは

北千住駅
垂直方向に迷宮が広がる独特な形状の乗換駅 184
乗降客より乗換客の混雑が激しい駅／東武伊勢崎線・日比谷線の発着パターンは独特／JR・東京メトロ・東武の改札内乗換通路は複雑怪奇！

京都駅
整合性の取れた構内と散策向きの空中回廊 191
トンネル掘削技術がなかったことで市の南端に作られた／JRは島式＋南北の頭端式ホームという構造／連絡通路と自由通路は駅西側が高架、東側は地下／トラップの多い八条口、散策が楽しい烏丸口

難波駅
繁華街の大通り直下に駅と地下街が広がる 198
急速に繁華街となったことで駅の多くは地下に建設／御堂筋と千日前通の下を「丁」字に延びる地

下道／運用が複雑な南海と近鉄、行き先が複雑な御堂筋線

天王寺駅

私鉄の戦時合併で生まれた変則的な二層構造 206
紆余曲折あって国鉄の路線となった阪和線／二段構造のホームを連絡通路が結んでいる／環状線への直通運転で天王寺駅の利用者は割を食った

博多駅

ホーム形状はシンプルだが連絡通路はトリッキー 213
戦後しばらくしてようやく現在地へと移転／シンプルなホーム形状と便利な中央自由通路／地下街は細かく分かれていて全体像が掴みづらい／武家地と町人地が現在も福岡市の二大繁華街になっている

おわりに 220

参考文献 222

本書に掲載された情報は2021年現在のものです。

地図制作／ジェオ　作図／五十嵐ユミ

第1章

なぜ「迷宮駅」は人を混乱させるのか

迷宮駅が日本にのみ存在する理由

日本の巨大ターミナル駅は、しばしば「迷宮」に喩えられる。本来「迷宮」の英訳は「ラビリンス」(Labyrinth)が一般的だが、こと駅に限っては「地下牢」を指す「ダンジョン」(Dungeon)と呼ばれることが多い。これは駅の複雑さが、RPG(ロールプレイングゲーム)のダンジョンのようだという発想によるもので、実際に大きな駅の地下空間を歩いてみると、この形容は正しいと感じることが多い。

もともと「ラビリンス」が分岐や交差のない、秩序だった構造の一本道のことを指すのに対し、「ダンジョン」は囚人を閉じ込める場所として、主に城の地下に築かれたことから、不気味さや恐怖感を呼び起こすニュアンスが含まれている。日本のターミナル駅もまた、時に恐れを抱かせるほど、複雑怪奇な構造になりつつある。

迷宮駅ができあがるには、いくつかの要件がある。大前提は、駅の規模が大きいことだ。敷地面積が広く、ホーム数の多い駅は、構造をシンプルにしようにも限度がある。だが迷宮駅の多くは、開設時から規模が大きかったわけではなかった。

日本に鉄道網が広がっていった100~150年前、現在ターミナル駅がある場所の多くは、原野や田畑だった。これは日本の主要都市の繁華街と、代表駅の位置関係を比べてみると納得がいく。仙台駅と一番町・国分町、新潟駅と古町、金沢駅と香林坊・片町、名古屋駅と栄、京都駅と四条河原町、広島駅と八丁堀、熊本駅と上通・下通など、江戸時代からの歴史ある繁華街は、駅からやや離れている。いずれも、ちょうど徒歩移動がギリギリ可能といえる距離だ。

明治初期に鉄道が敷設された際には、蒸気機関車の煤煙や騒音、陸運業者（伝馬《てんま》や駕籠《かご》など）の収益圧迫などを理由に、全国各地で反対運動が起こったといわれてきた。しかし近年の研究では、鉄道を忌避する活動に関する史料がほとんど確認できないことがわかり、従来の説は否定されつつある。むしろ用地買収の必要性が少なく、市街地から徒歩で行ける場所に駅が設置できるルートが、意図的に選ばれたと考えるのが妥当だろう。

時代が下るに従って、新規路線の開通や輸送量の増加に伴う複線・複々線化と長編成化、ホームを共用していた路線の系統分離などにより、駅構内が手狭になってくると、スペースにゆとりのある場所へ駅を建設したことが功を奏す。将来の拡張を見越して、敷地やホームに余裕を持たせていたことで、容易に駅が拡張できた。しかし、それも限界を迎えると、線路や施設の配置を効率化し、貨物輸送の機能を郊外へ移転してスペースを捻出する。なおも足りなければ隣接する土地や道路下の地下部分へと拡張した。こうしてターミナル駅はどんどん複雑化していった。

　単に大きいだけでなく、構造も複雑なのが日本の迷宮駅だ。橋上駅や高架駅、地下駅など、駅にはさまざまな形状がある。最もシンプルなのは駅舎と、それに直結したプラットホームを備える地上駅だが、ホームが複数になると連絡するための跨線橋や地下道が否応なく加わる。

　世界の巨大駅の多くは、ホームがずらりと平行に並ぶ。アメリカ・ニューヨークのグランド・セントラル駅はホームが上下二層に分かれているが、上階（メインレベル）に32の線路、下階（ダイニングレベル）に17の線路があり、それぞれのホームが並列に整然と並んでいる。フランスのパリ北駅やドイツのライプツィヒ中央駅なども基本的な構造は同じだ。

　これらはいずれも起点駅で、かつ頭端式ホーム（櫛形ホーム）という共通点がある。ホームが平行に並び、一方向への列車が発着し、もう一方の端は連絡通路で結ばれている。乗降の時に、利用客が連絡通路側に集中しやすいというデメリットはあるが、駅の構造が平面なので跨線橋や地下道が必須ではなく、バリアフリーという点でも優れている。グランド・セントラル駅のように二層に分かれている場合は、乗換時に上下の移動が発生するものの、それでもホーム数の割には構造や動線がシンプルだ。

プラットホームの種類

単式ホーム

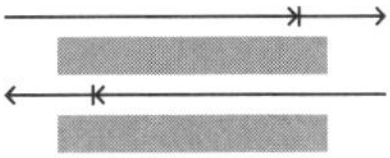

片側だけが線路に接しているホームの形式。単線に多いが、複線でも上下線が離れていたり、地下鉄など上下2層になっている場合にも用いられる。
※図は2面2線の例

相対式ホーム（対向式ホーム）

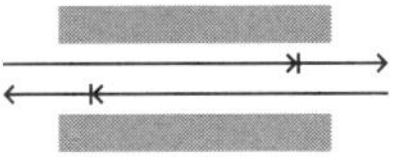

単式ホームが向かい合っているホームの形式。上下線が分かれているので、乗り場がわかりやすいが、ホーム間の移動には跨線橋や地下通路を渡る必要がある。
※図は2面2線の例

島式ホーム

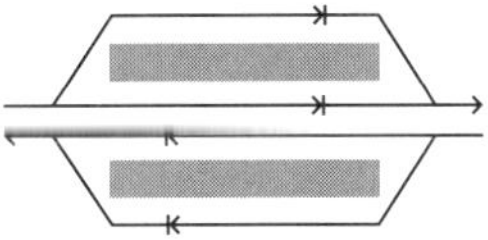

両側が線路に接しているホームの形式。規模の大きい駅に多く、駅舎や他のホームとは跨線橋や地下通路で接続する。ホーム両側を列車が通過するため、安全性は劣る。
※図は2面4線の例

頭端式ホーム（櫛形ホーム）

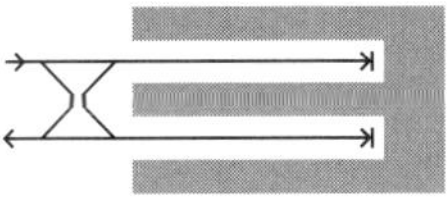

ホームの端をつなげた形式で、常に折返運転となる。都市部のターミナル駅に多い。必然的にバリアフリーになるが、櫛の背の部分に乗客が集中しやすい欠点も。
※図は3面2線の例

プラットホームの「面」と「線」の数え方

ホームの規模は「○面○線」という表現で説明され、「面」はホームの数、「線」はホームに接する線路の数を表す。例外的にホームに接しない通過線（中線）を「線」に含め、右図を「2面4線」とカウントする場合もあるが、通常は「2面2線」または「2面2線＋通過線」とするのが一般的だ。

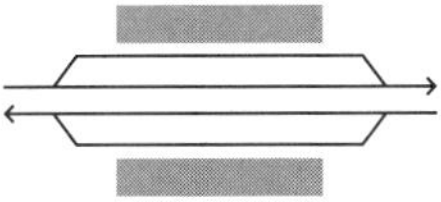

一方で日本の主要駅は、ホームの両方向に列車が発着する、通過式の構造だ。島式ホームにせざるを得ないから、必然的に上下移動が必要な立体構造となる。利用者が多くなると、連絡通路の数を増やさざるを得ず、ホームへつながる階段やエスカレーターも増加する。こうして雪だるま式に複雑化が進み、日本独自の特異な立体構造の駅が誕生した。

私鉄駅が集中して複雑化した郊外ターミナル駅

ターミナル駅に乗り入れる鉄道会社の数が多いのも、迷宮化の要因の一つだ。日本では基本的に鉄道会社ごとに駅が独立しており、相互乗り入れやホームの共同使用をするのは、直通運転が前提の地下鉄線がほとんどだ。各社がそれぞれの場所に、それぞれの規格で駅を設置するため、整合性や統一感が失われてしまう。

東京と大阪では、かつて中心部の交通機関が「市営主義」によって独占されていた。1906年（明治39年）に公布された鉄道国有法によって、主要な鉄道会社が国有化されるまでは、日本の鉄道は私鉄が中心で、東武線（現在の東武鉄道伊勢崎線）が曳舟駅から現在の亀戸線と総武線を経由して両国橋駅（現在の両国駅）へと乗り入れていたように、他の鉄道会社のホームを使用することが可能だった。しかし、国有化された官設鉄道（国鉄線の前身）の路線への乗り入れが不可能となり、各私鉄は独自のターミナル駅を建設せざるを得なくなる。

一方で、旧東京市（東京15区）内では東京電車鉄道・東京市街鉄道・東京電気鉄道の路面電車が運行されていた。1906年（明治39年）に三社が合併して、東京鉄道となったのと同時期に、日露戦争の戦費調達のために通行税が課税されたため、運賃を値上げする。これに市民が猛反発し、路面電車の市営化を求める世論が高まった。こうして1911年（明治44年）に東京市電（後の東京都電）が誕生して以降、東京中心部の交通整備は、基本的に国と市（市電と帝都高速度交通営団）が行い、私鉄は参入することができなくなった。交通渋滞を避けるために、鉄道の市内乗り入れは立体交差が原則とされ、建設費が高騰したことも影響した。

その結果、旧東京15区のエリア内に進出できたのは、京成電気軌道（現在の京成電鉄）と東武線のわずかな区間だけとなった。京成は、本線の上野～日暮里間を上野公園下の地下に建設。東武線は隅田川の架橋に合わせて、浅草駅近辺のみ高架化して道路と立体交差したが、他の私鉄は旧東京15区の外側を走る山手線の駅に起点を置くことを余儀なくされた。京浜電気鉄道（現在の京浜急行電鉄）は、官鉄の品川駅が東京市内にあったため、約600

m南に品川駅（通称・八ツ山橋駅。現在の北品川駅）を設置している。

大阪では1903年（明治36年）に大阪市電が開業。当時の大阪市長だった鶴原定吉は「市街鉄道のような市民生活に必要な交通機関は、利害を標準に査定されるものではなく、私人や営利会社に運営を委ねるべきではない」と市議会で主張している。

この方針は、市街地の区画整理や道路拡張などの都市計画と同時に、市電や地下鉄の建設ができるというメリットがあった。1933年（昭和8年）に開業した地下鉄御堂筋線は、堺筋に代わる大阪のメインストリートとして整備された御堂筋と一体化して事業計画されたことで、当時としては高規格なスペックで建設することができた。東京初の地下鉄である銀座線が、現在も6両編成で運行され、1両あたりの定員が少ないため容量不足に陥っているのに対し、御堂筋線では10両編成の車両が運行されている。国内の地下鉄の中でトップクラスの利益率を誇るにもかかわらず、ピーク時の混雑率が148％（2019年度）と、低めに抑えられているのはそのためだ。

市営主義による大阪中心部からの閉め出しは、事業免許が取得済みだった区間すら私鉄各社から返納・失効させるという徹底ぶりだった。これは戦後まで続き、バス路線が長らく市営バスしか存在しなかった、大手私鉄による地下鉄相互乗り入れがなかなか実現しな

東京市には1878年（明治11年）〜1932年（昭和7年）まで15区が設置されていた。概ね江戸時代の朱引（しゅびき。幕府が定めた江戸の範囲）にあたる。麴町区・神田区（概ね現在の千代田区）・日本橋区・京橋区（同中央区）・芝区・麻布区・赤坂区（同港区）・四谷区・牛込区（同新宿区の東側）・小石川区・本郷区（同文京区）・下谷区・浅草区（同台東区）・本所区（同墨田区の南側）・深川区（同江東区の西側）の15区で、基本的に市内では官設鉄道と馬車鉄道（後に路面電車）しか営業ができなかった。

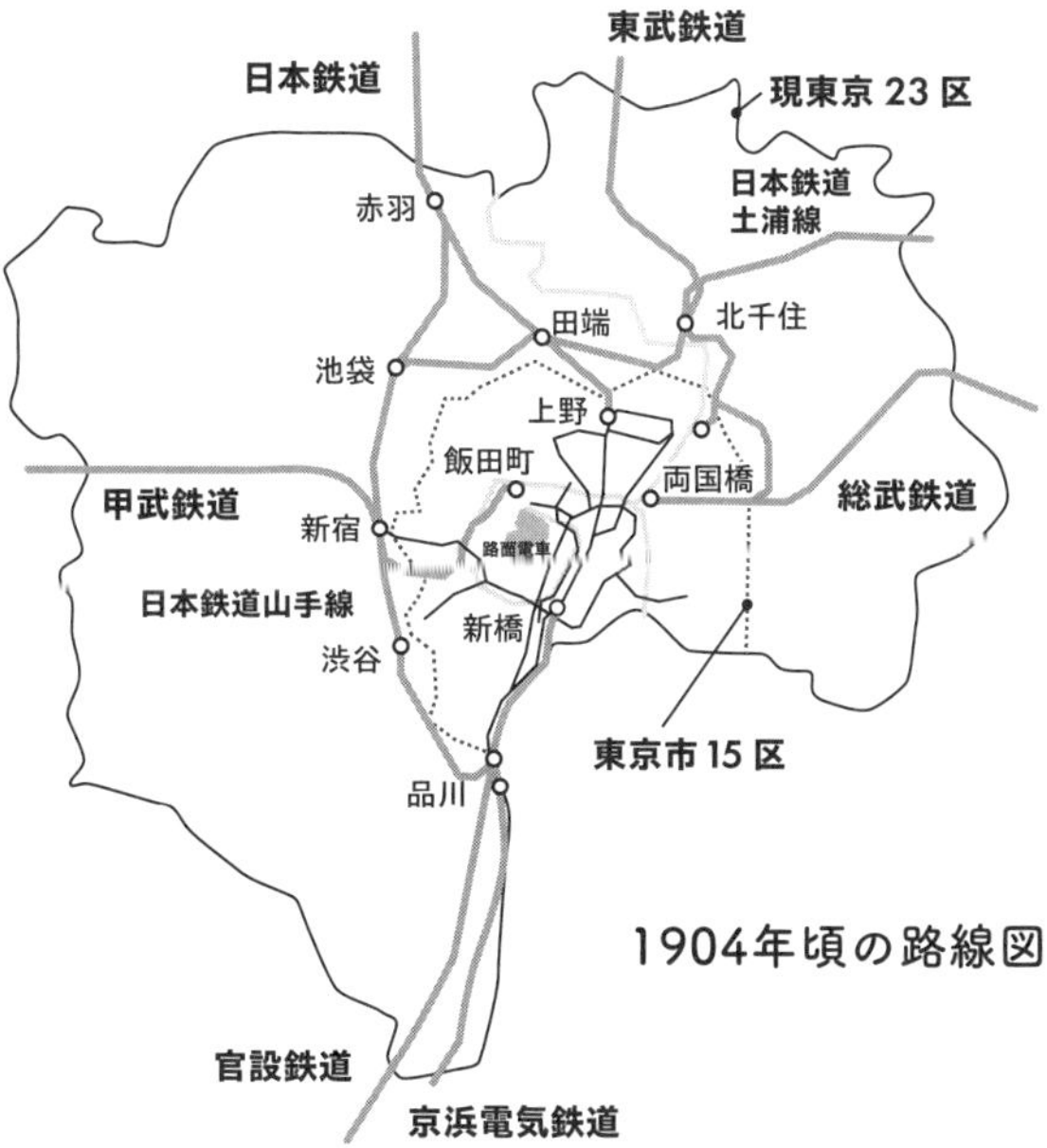

かったといった影響をもたらした。こうして市制施行時の市域の北限であるキタ（梅田・天満橋）や、南限のミナミ（難波・上本町）が私鉄の起点となった。私鉄駅が接続した官鉄のターミナル駅は、沿線の発展とともに大規模になり、さらに新路線が乗り入れるたびに、駅とその周辺は複雑化していった。

機械化で大規模駅の建設が可能に

大正から昭和初期の機械化と、戦後から高度成長期にかけての技術革新も、迷宮化の一因といえるだろう。新橋駅から東京駅にかけての赤レンガ造りの連続アーチ高架橋は、1907年（明治40年）に完成した。この一帯はもともと埋立地で、地盤が軟弱だったため、基礎として長さ5・5m～10・9mの松の杭が約2万本打たれている。重錘《じゅうすい》（ドロップハンマー。巨大な分銅のようなおもり）をウインチで持ち上げ、落下させて杭を打ち込むという、手作業に近い工法だった。

続いて1914年（大正3年）に完成した東京駅でも、約1万本の松杭が同様の工法で打たれた。旧来的な手法ながら強度は高く、どちらも1923年（大正12年）の関東大震災を耐え抜いている。同年に竣工した旧丸ビルでは、同じ松杭の施工でも、蒸気杭打機（スチームハンマー）が使用された。

　1919年（大正8年）に完成した東京～万世橋（廃駅）間は、高架橋が鉄筋コンクリートアーチやレンガ側壁などで作られ、以来鉄道の橋梁や高架橋には鉄筋コンクリートによる施工が増えていく。東京駅に続いて1930年（昭和5年）に神戸駅、1934年（昭和9年）に大阪駅、1937年（昭和12年）に名古屋駅と、駅も続々と高架化された。

　1920年（大正9年）には、阪神急行電鉄梅田駅（現在の阪急電鉄大阪梅田駅）に隣接する駅ビルとして、阪急本社ビルディングが完成。鉄道の施設と商業施設が融合した、新たなスタイルが誕生した。東京でも1931年（昭和6年）に、東武線浅草雷門駅（現在の浅草駅）が開業した。松屋浅草支店（現在の松屋浅草）の2階に高架線が突っ込む斬新な構造で、建物の内部は東京大空襲でいったん焼失したものの、現在も往年の姿をとどめている。

　戦後も私鉄は、百貨店などと一体化した駅を数多く建設する。国鉄の駅にも復興資金捻出のため、駅舎の建設に民間が資金を拠出する代わりに、商業施設を併設して出店する「民衆駅」が次々と誕生した。同じ建物に駅施設と商業施設が混在することで、利用客の利便性は向上したが、駅の構造はどんどん複雑化していく。

技術革新が駅構造の複雑化を後押しした

戦前は限られた路線しか存在しなかった地下鉄は、モータリゼーションの発達によって渋滞が社会問題化し、路面電車の運行が難しくなったことで、路線数が増加。工法も、地表から掘り進めて路線建設後に埋め戻す「開削工法」から、円筒状のシールドマシンで横方向へ掘り進める「シールド工法」が主流となり、より深い場所へ駅やホームを建設できるようになった。こうして駅は水平方向に加え、垂直方向の移動を伴う構造となっていく。

近年ではさらに、地下の複雑化が加速している。民法第207条では「土地の所有権は、法令の制限内において、その土地の上下に及ぶ。」と定められていることから、一般的に上空300m～地下40mまでが、所有権の範囲とされている。権利者が複雑に入り組んでいるターミナル駅の周辺に地下鉄を建設する場合、土地ごと買収するか、該当する地下部分を使用する権利（区分地上権）を取得する必要があり、これが地下鉄建設にあたって極めて高いハードルとなる。

国や自治体が所有する道路の下であれば、区分地上権を取得する費用や手間はそれほどかからない。東京の地下鉄が東京メトロ（国と都が株主）と都営地下鉄、他の大都市は市営地下鉄と、基本的に公営なのはそのためだ。主に開削工法が用いられていた時代、道路の下であれば地上の建築物を取り壊す必要性がなかったこともあって、多くの地下鉄が幹線道路の下に建設された。そのため、地下鉄の建設期間は大渋滞が発生することが風物詩のようになっていた。

ターミナル駅周辺の道路下には、複数の路線のホームを平行に設置するスペースはない。そのため、ホームの位置は多節棍《たせっこん》やヌンチャクに似た「連接型」の形状になる。さらに各路線は地中で立体交差させる必要があるから、ホームの階層を分けなければならない。東京では大手町駅や赤坂見附駅・永田町駅、大阪では本町駅など、乗換路線数の多い地下鉄駅はこのパターンが多い。

バブル時代が終焉を迎える1990年代頃になると、大都市の地下にはいよいよスペースがなくなっていく。鉄道だけでなく、道路や駐車場、電気・水道・電話などのライフライン、下水道や放水路・調整池などの排水・治水設備など、社会的に重要な機能が道路の下に集中し、これらがすべて地中で立体交差する。新しい地下鉄を建設するためには、混雑する地下空間の隙間を縫って、ジグザグの路線とするか、下をすり抜けるためにさらに深く掘り下げるしかない。

こうして2001年に施行されたのが「大深度地下の公共的使用に関する特別措置法」

（大深度法）だ。首都圏・近畿圏・中部圏で、地下40m以深または基礎杭の支持地盤上面から10m以深は、原則として補償不要で公共使用できるというものだ。つまり地下40m以深であれば、原則的に誰が所有する土地であっても、鉄道や道路などの公共物を建設することが可能となった。

現状でこの制度を活用した完成済みの事業は、神戸市水道局による大容量送水管のみだ。高速道路（東京外かく環状道路＝外環道の一部）やリニア中央新幹線の建設も始まっているが、2020年10月に東京都調布市で外環道の工事が原因とされる陥没事故が発生した。安全性に疑問符がついたことで、基本的に同じ工法が用いられるリニア中央新幹線の建設も、にわかに雲行きが怪しくなってきている。

大深度地下へ路線を建設すれば、駅もまた深い場所に作らなければならない。迷宮の地下部分に新たな巨大構造物が増設されることとなる。将来、品川駅や名古屋駅の動線がより複雑化する可能性は大きい。

迷宮駅の構造を分類してみよう

「迷宮駅」ではなぜ迷うのか、改めて整理してみたい。まず一つ目の要素は「広さ」だ。

広大すぎて、空間を把握するための脳の容量がパンクする駅は、いかに構造がシンプルであっても、全容が掴みづらい。

「地下」の空間も実に厄介だ。四方を壁に囲まれているため、得られる情報量が極端に少ない。見通しが悪いから、俯瞰した視点で周囲を見ることも難しい。加えて、太陽の光や風、湿気といった外の空気を感じることができない。地上であれば無意識のうちに、方角を推測するための情報が得られるし、建物の中であっても温度や湿度で出口の方向を察知できることがある。地下迷宮ではこれらが遮断されてしまうだけでなく、時には関係者用出入口など、行き止まりの方向へと誘い込まれることさえある。

東京駅の総武・横須賀線地下ホームから丸の内地下南口改札を出て、京葉線の地下丸の内口へと向かう自由通路（アートロード）は、無機質な壁が左右に続く。延々と歩いていると、次第に本当にルートが正しいのか不安になり、疑いや迷いを誘発するのは、地下ならではの特徴だ。

賑わいのある地下街も、等間隔の支柱の間に同じ大きさの店舗が並んでいるため、見た目の変化が意外に少ない。もちろん看板の文字や色は店舗ごとに異なるが、位置とサイズは同じなので、印象に残りにくいのだ。飲食店にアパレル店、雑貨店に書店と、すべての建物が色も形も異なる地上に比べれば、同じハコの地下店舗は没個性的に映る。

トラップも多い。駅や駅ビル、百貨店などの商業施設と、地下街の天井の高さは異なるため、地下1階と地下2階がつながっていることがある。京王新線・都営新宿線新宿駅の京王新線口は、駅の案内では地下1階とされているが、隣接する「ルミネ新宿LUMINE1」の地下2階よりも低い位置にある。北千住駅のように、鉄道会社によって階数表記が異なる駅もある。

巨大なバスターミナルも厄介な存在だ。見通しのきかない地下を避けるため、とにかく地上へ出ることを優先しようと手近な出口へ向かうと、横断禁止の道路に囲まれて行き止まりとなった、島状のバス停に出くわしてしまうというものだ。新宿駅西口や横浜駅西口などはバス停の「島」が多く、トラップにはまりやすい駅だ。

構造が碁盤目型でない駅は、方向感覚が狂いやすい。欧米の巨大駅の多くは頭端式で、ホームが整然と並んでいることは先に述べたが、島式であっても平行なホームを連絡通路で結んだだけの構造であれば、利用客が進めるスペースは碁盤目状となるから、それほど複雑にはならない。ホームと連絡通路が直角に交差しているから、方向感覚が狂うこともない。

多くの人は角を一回曲がると、無意識のうちに「直角に曲がった」と解釈する。さすがに45度くらいの角度であれば「直角の半分」と意識することもあるが、60度程度では直角と誤認することが多い。特に俯瞰的な視点を持つのが難しい地下では、「T」字路と「Y」字路を無意識のうちに記憶するのは至難の業だ。90度の角を三回折れると270度だが、60度の角を三回折れると180度。角一つ分の誤差が生じてしまう。地下道が広範囲に張り巡らされている駅や、地下鉄駅のように放射状にホームが延びる駅では、こういった錯覚がおきやすい。大阪駅周辺の地下街が典型的な例だ。

地下通路では「枝分かれ」も厄介な存在だ。分岐する通路二本の間隔が短ければ短いほど迷いやすい。もちろん、鉄道事業者もそのあたりは把握していて、案内看板を設けているはずなのだが、矢印がどちらの向きを指しているのかわからないことがある。空港では、ターミナルや出発・到着ロビーへの道筋を案内するカラー舗装が、一般的になりつつある。道路にも方面ごとに車線を色分けしている交差点が増加中だが、駅ではまだ普及しているとはいいがたいのが現状だ。

空間把握の難しさは、駅の「立体化」も要因となっている。ホームが高架で、連絡通路や改札が地上（またはその逆）の二層構造であれば、決して難易度は高くない。札幌駅や品川駅、名古屋駅のＪＲ線部分はこういった構造なので、迷うことは少ない。

連絡通路が上下にそれぞれ作られると、途端にややこしくなってくる。連絡通路が四本ある新宿駅の場合、北側二本が地下、南側二本が高架で、京都駅は東側が地下、西側が高架の三層構造だ。大阪駅のように中2階が存在すると、中途半端な四層構造となって、混乱に拍車がかかる。上野駅などは三層構造に加えて中2階と中3階があり、さらに地下には新幹線ホームがある。駅の増築や地形の問題で、仕方なく設置されたものだから、解消する術もない。

構造的な問題だけではなく、列車の発着ホームが別々となっていて、運用面が複雑な駅もある。ホームが二層に分かれている上野駅や天王寺駅では、同じ方面の路線が、全く別の場所にあるホームから発着する。例えば上野駅の場合、基本的に東北本線（宇都宮線）・高崎線の列車は、直通列車であれば高架ホームの5～9番線、始発・終着列車であれば地平ホームの13～16番線から発着する。天王寺駅では、阪和線の直通列車が地平ホームの15・18番線、当駅始発・終着列車は地上ホームの1～9番線に発着する。

私鉄では京王電鉄京王線と京王新線の新宿駅、東武伊勢崎線の急行線と緩行線の北千住駅、近機日本鉄道難波線・奈良線と大阪線の大阪上本町駅などがこれに該当する。こちらは緩急や行き先などで一定のすみ分けがされているが、逆方面へ他社線が接続していることも、わかりにくさを助長している。

「改札口」と「出入口」は別のもの

近年、その定義が変わりつつあるのが「出入口」だ。同一視されやすいが、駅の「改札口」と「出入口」はもはや別のものだ。改札が設置されていない無人駅も地方部にはあるが、迷宮駅と呼ばれるような巨大駅には、例外なく自動改札が存在する。だから改札口の定義付けは難しくない。

問題は出入口のほうだ。そもそも「○○口」という名称は、改札口にも出入口にも使用されている。大阪駅や博多駅のように両方で使われている駅もあれば、東京駅のように改札口を指す駅、横浜駅のように出入口のみを指す駅もある。近年、JR東日本では改札口を「○○改札」、出入口を「○○口」に統一する傾向にある。唯一の例外が東京駅だ。

出入口の場合、枝分かれした地下通路の階段をすべてネーミングすることはできないから、「A1」「B2」など、英数字で記される。そのため出入口の「○○口」という名称は、具体的な地点を指すものというより、ざっくりとした方面を示す概念的なものとなりつつある。

改札口の名前がややこしい駅もある。新宿駅の中央通路西端にある改札と、その横の階段の先にある京王線連絡口脇の改札は、ともに「中央西改札」だ。確かにどちらも中央通路の西にある改札なのだが、距離は離れている。

ＪＲ渋谷駅の南改札を出て、右に向かうと東口、左に行くと西口となる。改札口は「南」なのに、出入口は「東」と「西」だ。渋谷駅の東側に行きたいときに、「西口にも出られる南改札」を通ることがはたして正解なのか、戸惑う人も多いだろう。一方で、ハチ公改札を右に出ると宮益坂口、左に行くとハチ公口だ。つまり「ハチ公」という改札名と一致する名前の出口と、一致しない出口がある。こういったネーミングの問題は、比較的容易に解消できるポイントだ。リニューアル工事とともに、整理されることを期待したい。

改札内の「連絡通路」と誰でも通れる「自由通路」

「連絡通路」と「自由通路」の違いも、理解しておく必要がある。連絡通路は改札内にあり、主にホーム間の移動や、改札へ向かうための通路として設置されている。一方の自由通路は、国土交通省の「自由通路の整備及び管理に関する要綱」によると「既存の停車場内で鉄道と交差し、専ら歩行者、自転車の交通の用に供する道路又は通路等」と定義付けられている。要するに「駅周辺にあるが、改札外に設置されている通路」と考えていいだろう。

連絡通路の中で特に迷いやすいのは、一部のホームのみに接続しているものだ。新宿駅ではかつて、新南口やサザンテラス口（いずれも当時）から14・15番線へ直接向かうことができず、いったん他のホームと連絡通路を経由しなければたどり着けなかった。目的とは別のホームを経由せざるを得ない構造は、利用者にとって不便であるだけでなく、混雑や事故の原因となり、鉄道事業者にもデメリットが大きい。

現在では、連絡通路同士を接続することで、すべてのホームにたどり着ける構造とするとともに、バリアフリーの範囲を広げる駅が増えている。二本の「I」字型の連絡通路をつないで「H」字型にするもので、池袋駅や横浜駅の南側コンコース、名古屋駅の中央通路と南通路がこの形状だ。千葉駅や大船駅も、リニューアルによってこの形となった。

連絡通路には、改札が設置されていないものもある。もともとはホーム間の移動のためだけに設置された「跨線橋」の発展型として作られたものだが、とにかく一刻も駅の外へ出たい人には、トラップのように感じられてしまう。幸いなことに減少傾向にあるが、川崎駅の南側や日暮里駅の南側には現在も残っている。

自由通路も、ここ数年で改良が続いている。もともと日本の駅には自由通路が極めて少なく、駅の左右を横断したい人や車にとって、ターミナル駅は巨大な障害物だった。大正〜明治初期にターミナル駅の多くが高架化されたが、それでも地上部分は駅施設として使用され、自由通路が設置されることは少なかった。片側のみが発展している駅は、賑わっていない側には出入口さえ作られなかった。

東京駅には開業当初から三つの出入口が存在していたものの、乗車専用の丸の内南口、貴賓客専用の丸の内中央口、降車専用の丸の内北口と、すべて丸の内側の出入口だった。当時の東京で最大の繁華街であった日本橋に近かったにもかかわらず、八重洲側に電車客専用の小さな出入口が開設されたのは、開業から15年後の1929年（昭和4年）、駅舎が建設されたのはさらに19年が経過した1948年（昭和23年）だった。

時代が下るに従い、利便性の向上と駅構内の混雑解消のため、多くの駅が出口を増設したが、それでも連絡通路を延伸して、既存の出入口の反対側に改札を設置するというパターンが多く、自由通路は添え物のように設けられるのが精一杯だった。新宿駅北側の「角《つの》筈《はず》ガード」や、池袋駅北側の「雑司が谷隧道（ウイロード）」、広島駅の地下自由通路（現在

新宿駅北側の「角筈ガード」。1927年（昭和2年）に旧青梅街道（成木往還）の位置に設置され、2013年まで都道の一部だった。

池袋駅北側の「雑司が谷隧道」（通称「ウイロード」）。1925年（大正14年）に開通。自転車が通行可能な希少な通路だ。

は閉鎖）など、駅の規模の割には暗くて狭い通路が多かった。

高度成長期になってようやく、幅が広くて安全性の高い自由通路が建設されはじめた。21世紀になってからは、連絡通路と自由通路を平行に設置し、二つの通路の間に改札を設けるという構造が主流になりつつある。新宿駅に新設された東西自由通路は、その典型だ。

しかし、こういった自由通路にも問題点がある。自転車が通行できないのだ。サイクリストの間でとりわけ悪名高いのが横浜駅で、三つの自由通路はいずれも、自転車の通行ができない。迂回路である青木橋と平沼橋はかなり遠回りである上、跨線橋なので急な坂道を上らなければならない。同様に、品川駅や京都駅も不便なことで知られている。せめて自転車を降りて、押して歩けば渡ることができる自由通路が増えて欲しい。

地下や陸橋でつながっていれば「駅」の中!?

迷宮駅は、こういった要素が複雑に絡み合ってできあがるのだが、そもそも「駅」とはどの範囲を指すものだろうか。新宿駅には現在、西武線を含めると六社が乗り入れているが、このうち京王線と都営線の間を除けば、すべて改札で区切られている。駅の迷宮度を考察するにあたって、個々の「新宿駅」をつなぐための通路などもまた「新宿駅」の一部と考えなければ不合理だ。改札内のみの狭い範囲だけが駅の中ということになってしまうと、改札の外こそが本当の迷宮である地下鉄駅について、考察できなくなってしまう。

では駅ビルや地下街、はたまた百貨店の地下階（デパ地下）など、通路でつながっている場所すべてを「駅」と考えていいだろうか。本来は、そのスペースをどこが所有・管理しているかによって区切るべきだろうが、判別が難しい。同じ建物でも、階層によって所有者が異なる場合があるし、鉄道会社が所有している部分のみを駅だと考えるのも安直だ。

本書では、地下や陸橋などの通路でつながっている場所は、すべて広義の駅と解釈してみたい。駅の迷宮性は、地下道や陸橋から地表へアプローチする出入口までが構成要素に含まれるからだ。接する商業施設に地表への階段があれば含まざるを得ないし、隣の地下鉄駅までつながっている地下通路も同様だ。広義の新宿駅にはルミネ新宿やルミネエスト新宿、東京メトロの新宿三丁目駅などが含まれるし、広義の大阪駅には阪急百貨店やヨドバシカメラ マルチメディア梅田、Ｏｓａｋａ Ｍｅｔｒｏの梅田駅や東梅田駅、西梅田駅などが含まれるということだ。

第2章
東京の巨大「迷宮駅」

東京駅

大手町から銀座まで地下でつながる日本の代表駅

大名屋敷跡の広大な官有地を活用

迷宮駅の中で、東京駅は最も遅く作られた駅だ。日本の鉄道は1872年（明治5年）6月12日に品川〜横浜間で仮開業、10月14日に新橋〜横浜間で正式開業した。以来、東海道方面への起点駅は新橋駅だったが、当時の新橋駅は現駅から東南東へ約300mの場所にあった。現在は汐留の高層ビル群に囲まれた場所に「旧新橋停車場 鉄道歴史展示室」として、当時の姿が再現されている。

1889年（明治22年）7月に、後に東海道本線となる新橋〜神戸間が全通。1891年（明治24年）9月には、同じく東北本線となる上野〜青森間が全通した。既に開通していた高崎線に加え、中央本線や常磐線、総武本線の前身も続々と開通していくと、これらの鉄道を接続する必要性が生じていく。当時の鉄道は貨物輸送が主体で、関東各地や甲信越、東北などで作られた生糸や絹織物は、日本の最も重要な輸出品だった。貨物を鉄道で上野駅へ送り、荷車や船に積み替えて新橋駅へ運び、また鉄道に乗せて国内最大級の貿易

建築中の東京駅（上）と、完成後の東京駅。

（所蔵：土木学会附属土木図書館）

港のあった横浜へと向かうのはあまりに効率が悪かった。

上野から新橋の間は、当時の東京で最も賑わっていた地域で、鉄道を建設するための土地を確保することが難しかった。それでも１８９０年（明治23年）11月に上野～秋葉原間の貨物線が開業するが、繁華街だった神田方面への延伸はできず、いったん郊外へ迂回する路線が計画された。

時代が前後するが、こうして東海道方面と関東内陸部を直結する路線として、１８８５年（明治18年）３月に赤羽～品川間を結ぶ貨物線が開業した。現在の山手線の西側区間と、埼京線の一部にあたる。さらに１９０３年（明治36年）４月には田端～池袋間が開通し、貨物輸送のボトルネックはほぼ解消される。

一方で、今度は都心部の旅客輸送の需要が増大し、線路容量は限界に近づいていた。北は上野駅、東は両国橋駅（現在の両国駅）、西は御茶ノ水駅、南は新橋駅に囲まれた繁華街に、東西南北からの通過交通が重なり、キャパシティーを圧迫。従来の馬車鉄道に代わり、1903年（明治36年）には路面電車が登場したものの、抜本的な解決には至らなかった。

こうして新橋〜上野間を結ぶ鉄道路線の計画が浮上する。同時に宮城《きゅうじょう》（現在の皇居）に近い位置に中央停車場を建設することが計画された。

中央停車場を作るためには、広大な敷地が必要だ。現在の東京駅の立地を考えると、皇居に近い一等地にあれだけのスペースが確保できたことを、不思議に感じるだろう。

現在、丸の内と呼ばれる地域は、もともと日比谷入江と呼ばれる海の一部だった場所で、徳川家康の江戸開府後の天下普請時に埋め立てられた。「丸」は本丸や二の丸など、城を構成する区画のことで、「丸の内」とは城内の一部という意味となる。江戸時代は主に親藩や譜代大名の大名屋敷が並ぶ「大名小路」と呼ばれており、現在の東京駅にあたる部分には、岡山藩（池田家）や松本藩（戸田松平家）、鶴牧藩（水野家）などの屋敷のほか、「遠山の金さん」の遠山景元でおなじみの北町奉行所が置かれていた。

1849年（嘉永2年）の丸の内。主に親藩・譜代大名の上屋敷が並ぶ。

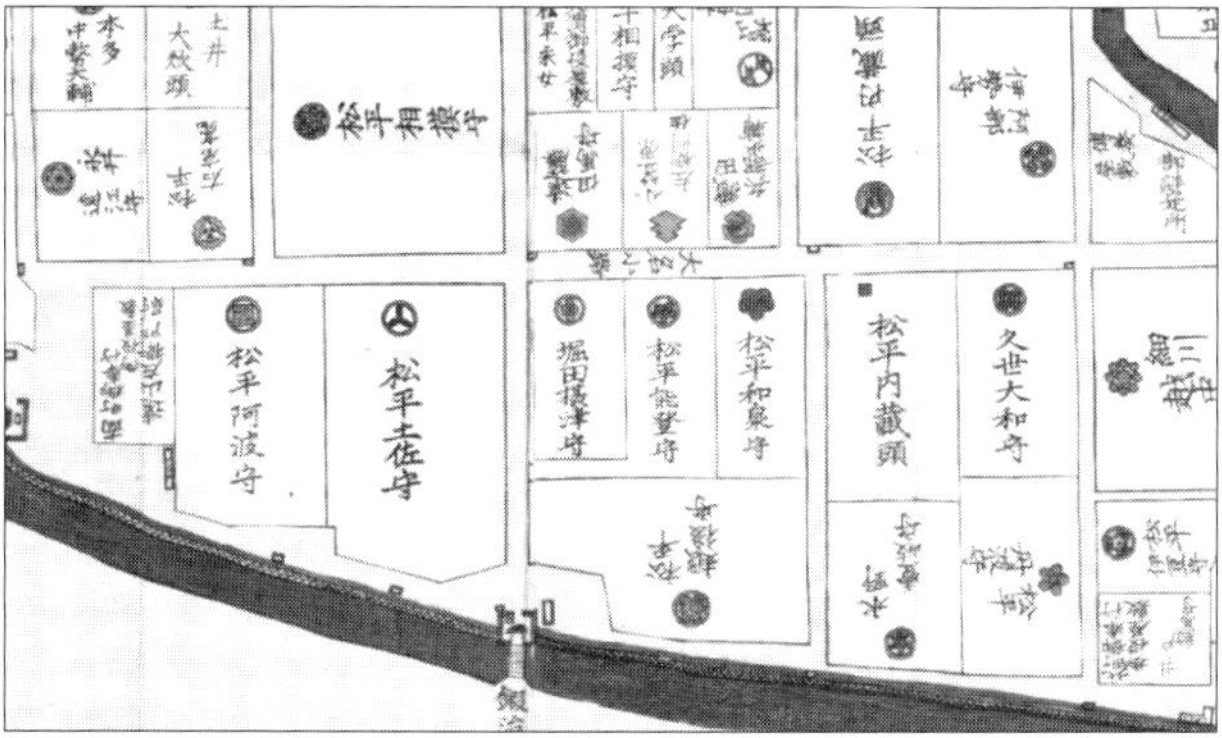

「大名小路神田橋内内桜田之図」（所蔵：国立国会図書館）

1883年（明治16年）の丸の内。陸軍施設や官公庁のほかは空き地が目立つ。

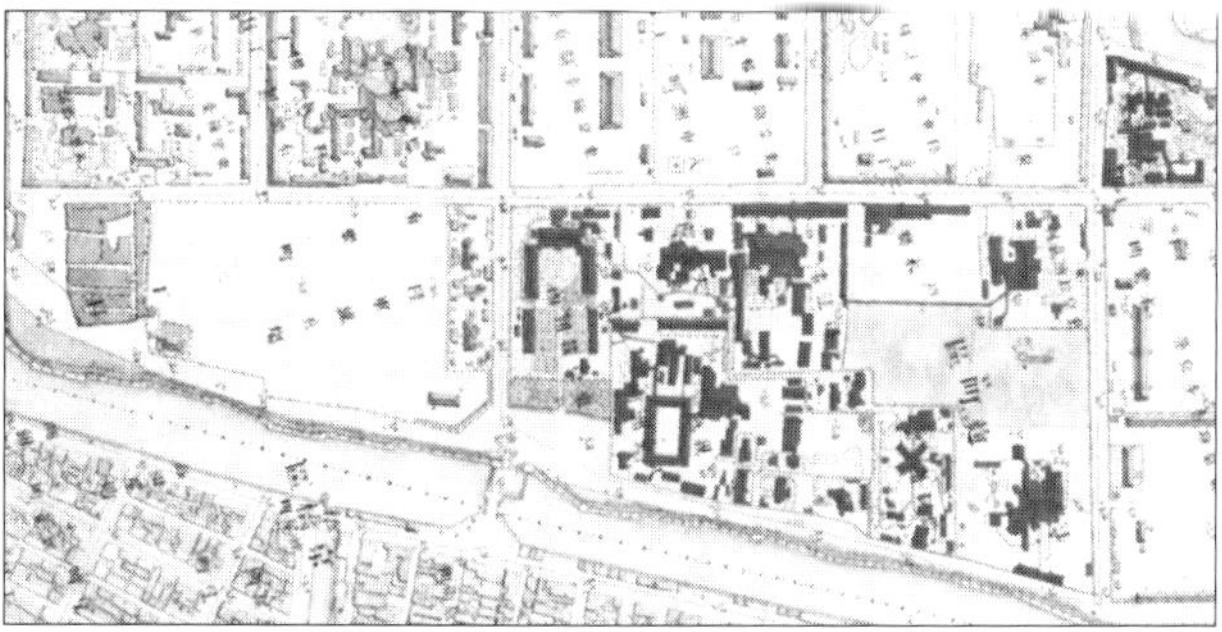

（出典：国土地理院ウェブサイト）

1914年（大正3年）の丸の内。皇居側の一帯は三菱に払い下げられた。

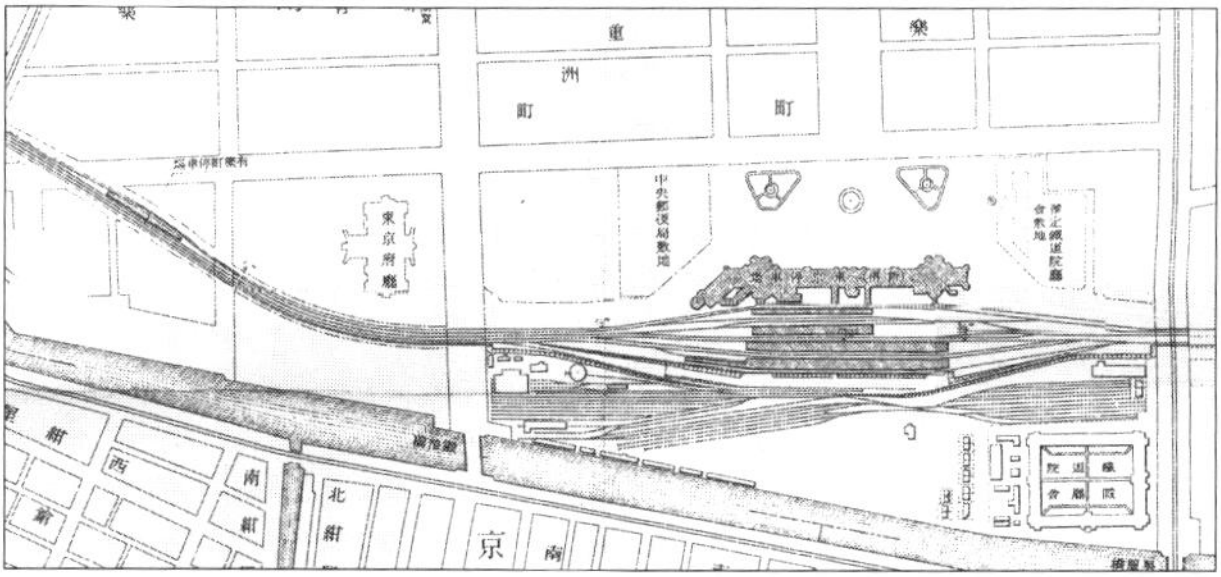

（所蔵：土木学会附属土木図書館）

江戸の大名屋敷は1855年（安政2年）の安政江戸地震で甚大な被害を受ける。さらに1863年（文久3年）には江戸城で火災が発生し、本丸と二の丸の御殿が焼失するほどの大火となった。幕末の混乱期だったため、幕府は本丸や二の丸を再建することなく、拠点を京都の二条城に移してしまった。

こうなると諸大名も江戸屋敷の扱いが疎かになっていく。そのまま明治維新を迎え、版籍奉還によって知藩事に任命された旧藩主と藩士たちは国許へと帰った。武士階級が一気に減ったことで、江戸時代のピーク時に120万人ほどだった東京の人口は、約50万人まで減少したという。空き家となった屋敷跡は荒廃し、さらに1872年（明治5年）に発生した銀座大火で、丸の内から銀座、築地一帯は焼失する。

政府主導で赤レンガ造りの街並み作りと、道路の拡幅・舗装が行われて発展した銀座に対し、放置された丸の内は荒廃した原野となった。広大なスペースを利用して、西側一帯に陸軍の練兵所が置かれたものの、西南戦争の終結で軍の目的が内乱鎮圧から対外戦争へと変わったことで、都心部に拠点を置く必要性がなくなったことから、麻布の新兵舎など郊外へ移転。跡地は1890年（明治23年）に三菱社の岩崎彌之助に128万円で売却されている。

丸の内の東側は裁判所や司法省、大審院、警視庁などの司法・警察の施設が置かれていた。監獄本署など一般人が避ける施設が多く、空き地も目立っていた。大名屋敷跡に生える草を馬草（馬の飼料）とするために刈りにくる人さえいたという、場末の地域だった。

地理的には天皇が暮らす宮城と繁華街の日本橋や銀座の間に位置する一等地だったにもかかわらず、荒涼とした官有地だった丸の内は、こうして東京駅へと姿を変えることとなる。敷地面積のゆとりは現代までその恩恵をもたらしており、建設当時は島式4面8線だったホームは、中央本線の乗り入れや発着列車の増加に伴い、八重洲側に拡張。戦後に入ると山手線と京浜東北線の系統分離や、東北本線・高崎線・常磐線の乗り入れによって、再拡張された。さらに戦災の瓦礫で埋められた外堀の跡地が活用され、東海道新幹線のホームと八重洲駅舎が作られている。

横断するなら地上でも地下でも「北口」へ

東京駅は構造がシンプルだから迷宮駅ではない、という声は多い。確かに、東京駅の主要部分は碁盤目状になっており、構造を理解しやすいつくりだ。駅の西側は「丸の内」、東側は「八重洲」で、それを「北」「中央」「南」の三本の連絡通路が結んでいる。主要な出入口の名前も、丸の内北口・丸の内中央口・丸の内南口と、八重洲北口・八重洲中央口・八重洲南口で、とてもわかりやすい。地下の出入口も丸の内地下北口・丸の内地下中央口・丸の内地下南口と、八重洲地下中央口という、位置を把握しやすいネーミングだ。

ただし、イレギュラーな要素はいくつかある。まず1995年（平成7年）に新設された中央線（1・2番線ホーム）だ。ホーム不足を解消するために高架に作られたため、平行する地上ホームの中で唯一、不揃いになっている。だが東京駅が優秀なのは、連絡通路からのアプローチを他と変えていないことだ。1・2番線へは他のホームと同様に、北・中央・南のいずれの連絡通路からも向かうことができるため、迷う要素とはなりにくい。

新幹線ホームも、それほど難易度は高くない。新幹線と在来線の間には乗換改札があることや、JR東日本管轄の新幹線（東北・山形・秋田・北海道・上越・北陸）とJR東海管轄の新幹線（東海道・山陽）の区分は、もともと社会的に認知されているから、障害となりにくい。さらに新幹線の方面については、これでもかというほど構内に表示や看板が掲げられているほか、JR東日本は緑、JR東海は青と、色分けによる区別で、乗り間違いを減らす工夫がなされている。JR東海のコーポレートカラーは青ではなく橙（オレンジ）なのだが、新幹線に限っては東海道新幹線開業時からのラインカラーを案内したほうが、違和感が少ないと考えてのものだろう。

やや複雑なのが地下ホームだ。丸の内側に1972年（昭和47年）に建設された総武（快速）線と横須賀線用のホームは、他の在来線や新幹線ホームとほぼ平行に作られているものの、階層が大きく異なる。中央線1・2番線ホームのように、北・中央・南の連絡通路から直接下りていく構造ではなく、いったん丸の内中央口付近から地下1階コンコースへと下りる。そのまま改札を出れば丸ノ内線の東京駅だし、さらに地下4階へ下りれば、総武・横須賀線のホームは目の前だ。ただこちらも動線はシンプルで、北・南の連絡通路は丸の内側で中央連絡通路に収斂《しゅうれん》され、あとはほぼ一本道だ。

問題は、南端に飛び地のように存在する京葉線ホームだ。もともと成田空港へと向かう成田新幹線のホームとして活用される予定だったが、沿線の反対運動などの影響で工事が中断し、京葉線のホームに転用された。東京駅の中心部からは、八重洲南口改札内付近からひたすら南へ向かう連絡通路で接続している。これは、八重洲側にホームが集中している各新幹線と成田新幹線との乗換を考慮して、設計されたからだ。

そのため同じ地下にあるのに、総武・横須賀線と京葉線を乗り継ぐためには、大きく迂回しなければならなくなった。改札内移動するには、総武・横須賀線のホームからいった

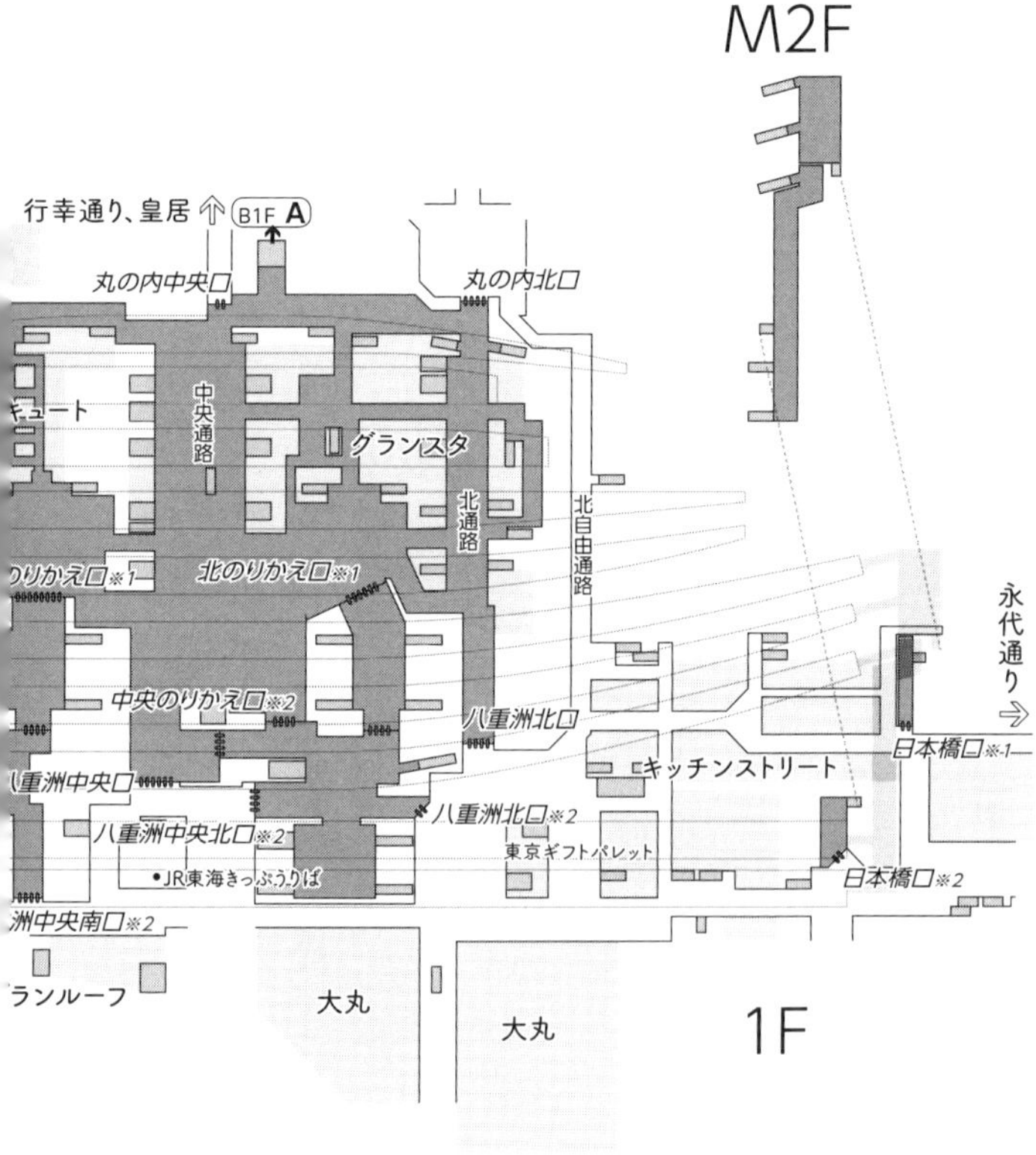
M2F
行幸通り、皇居
B1F A
丸の内中央口
丸の内北口
キュート
中央通路
グランスタ
北通路
北自由通路
のりかえ口※1
北のりかえ口※1
永代通り
中央のりかえ口※2
八重洲北口
八重洲中央口
日本橋口※1
キッチンストリート
八重洲北口※2
八重洲中央北口※2
東京ギフトパレット
・JR東海きっぷうりば
日本橋口※2
洲中央南口※2
ランルーフ
大丸
大丸
1F

東京駅マップ（地上）

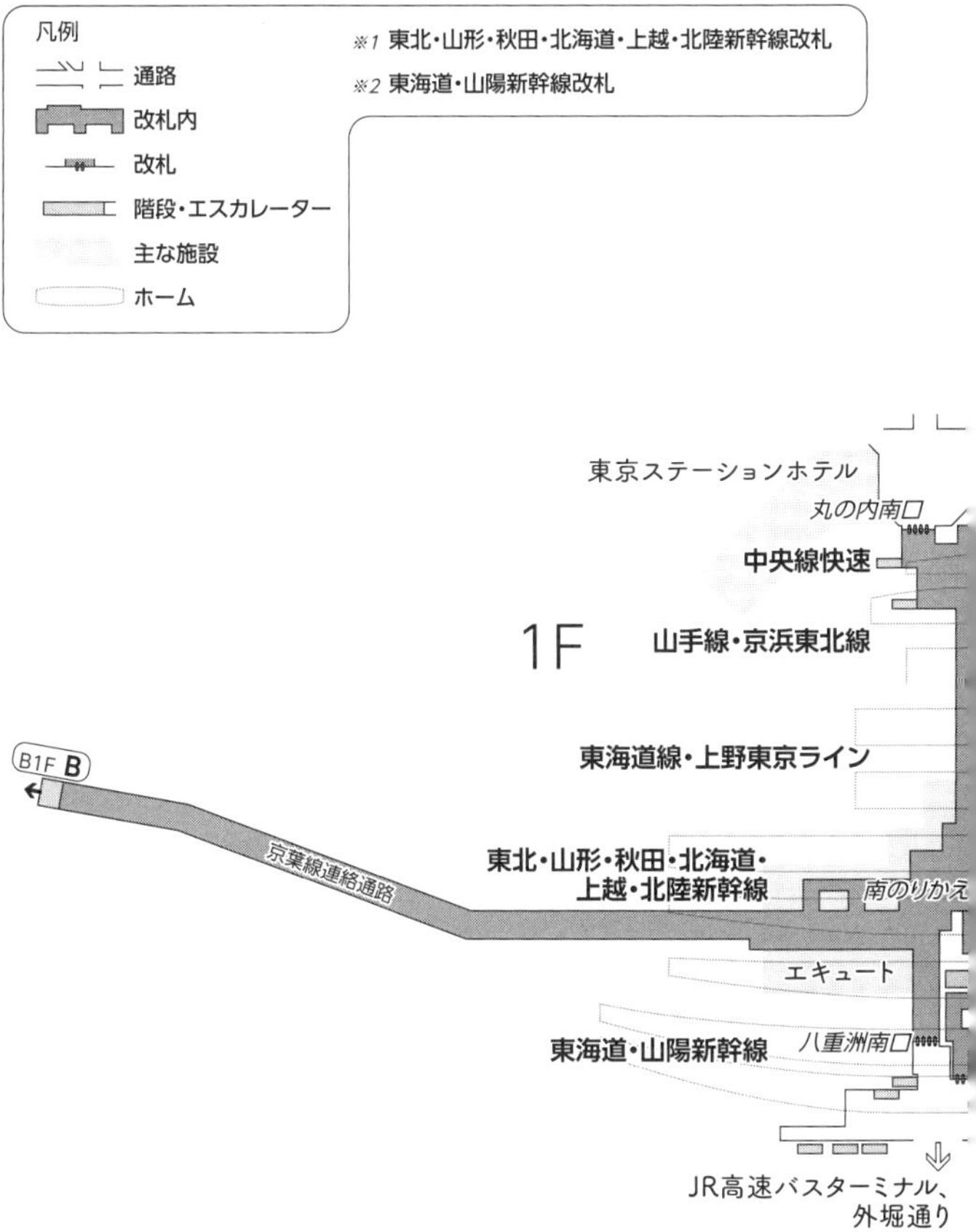

凡例
通路
改札内
改札
階段・エスカレーター
主な施設
ホーム
※1 東北・山形・秋田・北海道・上越・北陸新幹線改札
※2 東海道・山陽新幹線改札
東京ステーションホテル
丸の内南口
中央線快速
1F
山手線・京浜東北線
東海道線・上野東京ライン
B1F B
京葉線連絡通路
東北・山形・秋田・北海道・
上越・北陸新幹線
南のりかえ
エキュート
東海道・山陽新幹線
八重洲南口
JR高速バスターミナル、
外堀通り

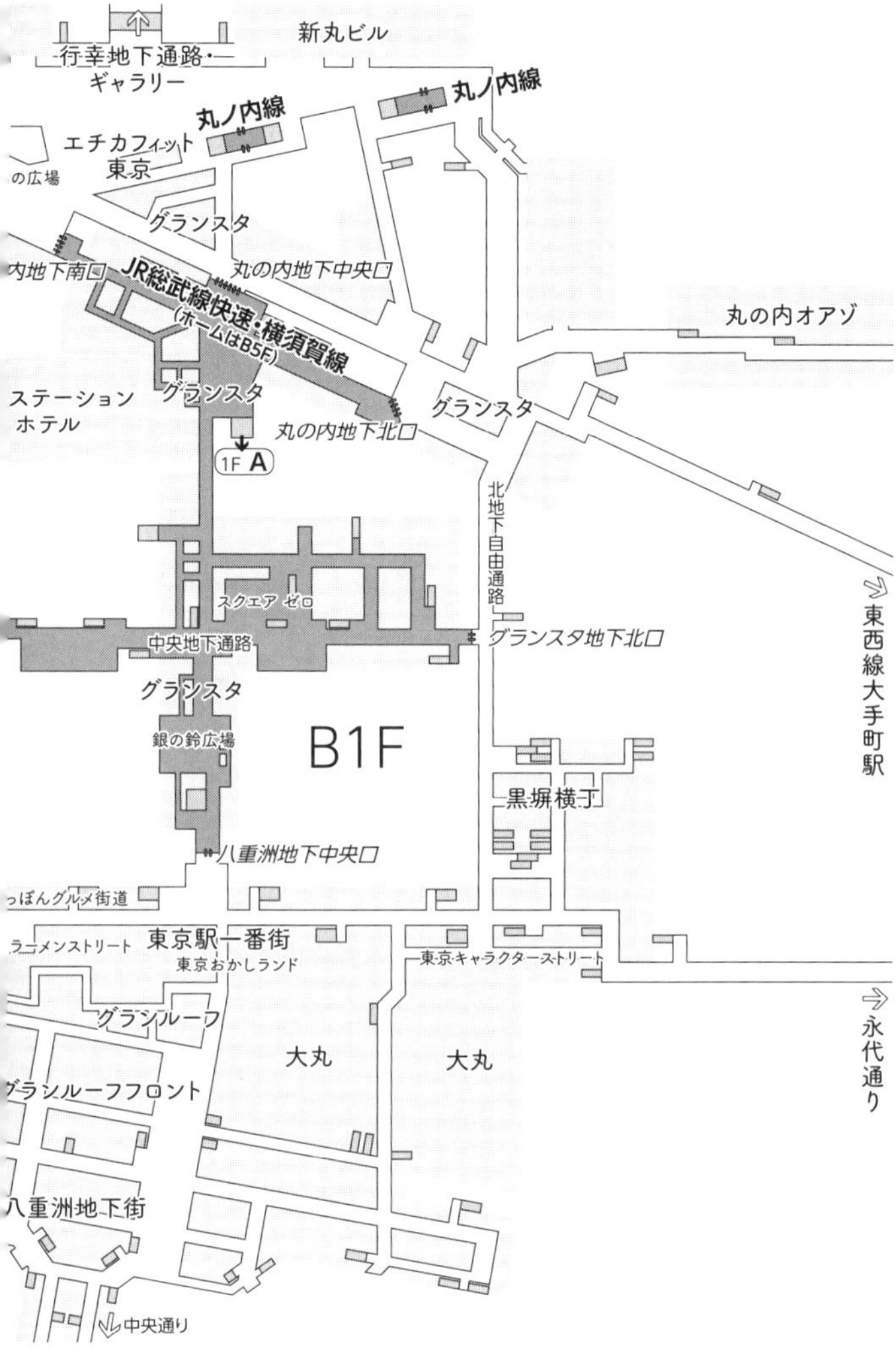

新丸ビル
行幸地下通路・ギャラリー
丸ノ内線
丸ノ内線
エチカフィット東京
の広場
グランスタ
丸の内地下南口
丸の内地下中央口
JR総武線快速・横須賀線(ホームはB5F)
丸の内オアゾ
ステーションホテル
グランスタ
グランスタ
丸の内地下北口
1F A
北地下自由通路
スクエア ゼロ
中央地下通路
グランスタ地下北口
東西線大手町駅
グランスタ
銀の鈴広場
B1F
黒塀横丁
八重洲地下中央口
っぽんグルメ街道
東京駅一番街
ラーメンストリート
東京おかしランド
東京キャラクターストリート
グランルーフ
大丸
大丸
永代通り
グランルーフフロント
八重洲地下街
中央通り

東京駅マップ（地下）

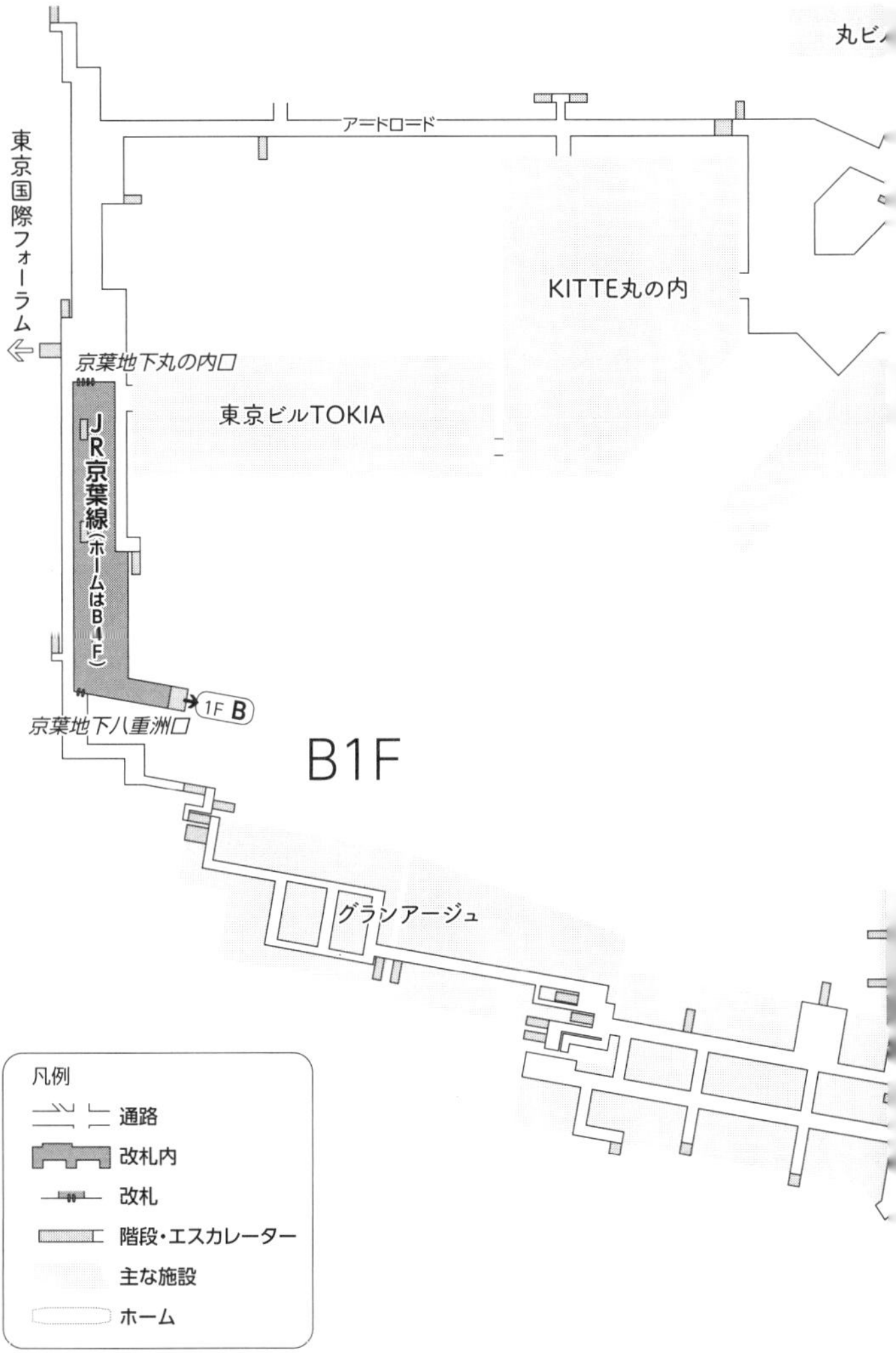
丸ビ
アードロード
東京国際フォーラム
KITTE丸の内
京葉地下丸の内口
東京ビルTOKIA
JR京葉線（ホームはB4F）
1F B
京葉地下八重洲口
B1F
グランアージュ
凡例
通路
改札内
改札
階段・エスカレーター
主な施設
ホーム

ん地上に上がって、南連絡通路と八重洲・京葉線連絡通路を経由しなければならない。改札を出て、丸の内の自由通路を通れば近道なのだが、余計な料金がかかる。

それでも改札内の移動に関しては、迷う要素は限定的だが、東京駅が迷宮駅たる要素は改札の外にある。高架構造でありながら、1階部分が駅施設で完全に塞がれているため、駅を横断できる自由通路が少ないのだ。

東京駅の東西を移動できるルートは、一応五つある。まずは駅の最南端へ向かい、馬場先通り（鍛冶橋通り）を回るルートと、その地下を通る京葉線ホームの脇を抜けるルート。もう一つは駅最北端の永代通りを回るルート。これらは自由通路というより、単に大回りして、駅の南北を迂回するものだ。

現実的に活用可能な自由通路は、丸の内北口と八重洲北口付近を結んでいる。つまり、改札内の連絡通路である北通路に平行する形で設置されている。そしてこのほぼ真下、地下1階にもう一つの自由通路がある。つまり二本の自由通路が、駅の北側に集中しているのだ。東京駅を横断したい人は、丸の内だろうと八重洲だろうと、地上だろうと地下だろうと、とにかく北口へ行けばいい。

残念ながら現状では、新たに東京駅を横断するルートが作られる予定はない。重要文化財である丸の内駅舎が一面に横たわっているため、地上に自由通路を作ることは物理的にできないし、地下にも構造物がいっぱいだ。「東京駅の横断は北口」の時代は、しばらく続きそうだ。

大深度の「新東京駅」が誕生すれば一気に複雑化

東西を横断する通路の計画はないが、新駅が建設される可能性はある。「新東京駅」計画がそれだ。丸ビルの西側を通る丸の内仲通りの大深度地下に新線を通すというもので、実現すれば丸の内方面へ駅の範囲がさらに広く、深くなる。

新東京駅への乗り入れが想定されている路線は二つある。まずは現在、秋葉原駅が起点となっている、つくばエクスプレスだ。コロナ禍以前は利用者数が年々増加し、2017年度には累積赤字を解消。もともと計画では東京駅が起点とされていたこともあり、茨城県などが延伸を強く要望している。

だが、建設に要した債務が5000億円以上残っているほか、混雑緩和のために6両編成の列車を8両化する事業へ着手しており、財務状況に余裕があるわけではない。上野東京ラインの開通で、競合する常磐線が東京駅に乗り入れるようになったこともあり、採算が合うかも不透明だ。現状では具体的な動きには至っていない。

さらに延伸して、臨海副都心を結ぶ「都心・臨海地下鉄新線構想」も存在する。新東京駅から銀座、築地、晴海を経由して国際展示場間へ向かう地下線の計画で、つくばエクスプレスと相互運転を行うというものだ。中央区と江東区を経由する路線となるが、特に熱心な働きかけを行っているのが中央区だ。

一方で江東区は静観している。全線が地下となるため莫大な建設費が必要となること、完成しても江東区を通るのは豊洲市場〜国際展示場駅とわずかな区間のみであること、江東区にとっては悲願である、豊洲〜住吉間の地下鉄8号線（有楽町線）延伸を優先させたいことなどがその理由だ。そもそもつくばエクスプレスの延伸ありきの話なので、実現はより厳しそうだ。

もう一つは都心直結線という新線だ。京成押上線の押上駅と京急本線の泉岳寺駅をつなぎ、その間に新東京駅のみを途中駅として設置するというもので、都営浅草線のバイパス線（短絡線）という位置づけとなっている。

現在、京成線・都営浅草線・京急線は相互乗り入れを行うことで、成田空港と羽田空港を直通する列車を運行している。東京駅と両空港とのアクセスはそれほど良いとはいえない。羽田空港へは、浜松町駅で東京モノレールへ乗り換えるか、品川駅で京急線に乗り換える必要があり、乗換時間を含めると30～40分程度かかる。成田空港は特急「成田エクスプレス」で直通しているものの、経由する総武本線・成田線ルートは遠回りで、約1時間かかる。日暮里駅で京成線の特急「スカイライナー」に乗り換えるルートも、所要時間はほぼ同じだ。都心直結線は東京駅から羽田空港まで20分台、成田空港へは30分台で結ぶことを想定している。

だがこのプランには、あまりにも強力なライバルが現れてしまった。JR東日本が計画している羽田空港アクセス線だ。東海道線から、休止線の東海道貨物線（大汐線）を経由して東京貨物ターミナルへ向かい、そこから空港まで新線を建設するというもので、2022年度に着工、2029年度に運行開始予定となっている。

これが完成すれば、東京駅と羽田空港は18分で結ばれるため、都心直結線を建設する意義の半分以上は失われてしまう。乗換の利便性でも、既存の東海道線（上野東京ライン）ホームを使用できる羽田空港アクセス線は、ホームが大深度地下となる都心直結線より圧倒的に優位だ。

そもそも、遠く離れた丸の内の地下深くにホームを作ること自体、ナンセンスなのだ。

成田新幹線が現在の京葉線ホームに建設を予定していたように、空港アクセス線は八重洲側の地上に集中する新幹線との乗換利便性を考慮する必要がある。新幹線ホームから最も離れた場所に新駅を建設して、採算が取れるだけの利用者が確保できるとは思えない。新東京駅建設の可能性は、限りなく低いと考えていいだろう。

無機質な丸の内と地下街で賑わう八重洲

規模の割に、迷いにくい構造となっている東京駅だが、駅に接続する地下道はかなり複雑だ。東京駅の迷宮っぷりを楽しみたいのであれば、改札を出てからが本番だと考えたほうがいいだろう。

東京駅にはＪＲ線のほか、東京メトロの丸ノ内線が乗り入れている。戦後すぐに建設された古い路線なので、地下鉄の中では階層が浅く、ＪＲ線の丸の内地下中央口を出ると、すぐに改札が見えてくる。もう一つ、乗換駅扱いとなっているのが東西線の大手町駅だ。東京メトロの四路線、都営地下鉄の一路線が通る駅だが、最も東京駅に近い東西線のみが乗換駅扱いとなっている。

第1章で記したように、自由通路でつながっている部分をすべて東京駅と見なしてみよう。大手町駅の全出入口のうち、最北端に位置するのは千代田線のC2b出入口だ。首都高速道路の神田橋出入口付近の経団連会館にある。

丸の内側からは、皇居方面にも地下道が延びており、東京駅丸の内駅舎と皇居方面を結ぶ行幸通りの地下は、アートなどが展示されるギャラリーとなっている。さらに南下すると千代田線の二重橋前駅、有楽町線の有楽町駅、日比谷線・千代田線・都営三田線の日比谷駅とも接続している。帝国ホテルの向かい側の日比谷公園内に、千代田線日比谷駅のA14出入口があり、ここが地下で行ける最西端だ。

さらに地下道は南東方面に延びる。丸ノ内線・日比谷線・銀座線の銀座駅を抜け、東銀座駅の6番出入口が最南端で、首都高速の銀座出入口付近に位置する。歌舞伎座と新橋演舞場の中間あたりだ。

これらの地下空間は無機質なところが多い。そもそも丸の内側には、地下街がほとんどないのだ。東京駅付近こそ「グランスタ」や「エチカ」といった地下街が近年になって作られ、一部は東京オリンピックを意識して壁面や天井がドレスアップされたものの、基本的にはまさにダンジョンらしいシンプルな連絡通路が延々と延びる。方向感覚に自信がないと、途中で不安になるほどの広さだが、迷宮駅っぷりを満喫したい人にとっては、スクロールしないと出口が見えないゲームの感覚を追体験できるだろう。

一方で八重洲側は、地下街が集中している華やかなエリアだ。飲食店や物販店など、さまざまな店舗が揃っているのだが、それゆえに複雑な構造になっており、これはこれで迷いやすい。

八重洲側の地下街は、大きく分けると3＋1という構造になっている。まず改札に最も近いのが「東京駅一番街」だ。前身の東京駅名店街は1953年（昭和28年）に開業した古参で、JR東海の関連会社が運営する。

この東京駅一番街を構成する専門店街として「東京キャラクターストリート」「東京ラーメンストリート」「東京おかしランド」「にっぽんグルメ街道」（地上階には他に「東京ギフトパレット」「東京グルメゾン」）がある。南北に広がっており、八重洲地下中央口や北地下自由通路を利用する人が通る場所だ。それぞれ独立したショッピングモールのように見えるが、あくまでも東京駅一番街の一部であることを認識することが攻略のカギだ。

東京駅一番街の東側にあるのが「グランルーフ」だ。そもそも、テント状の大屋根とペデストリアンデッキ、駅施設などを含めた八重洲駅舎の総称が「グランルーフ」なのだが、地下の飲食店・物販店街も「グランルーフ」と「グランルーフフロント」という名称にな

東京駅からつながっている地下通路の範囲

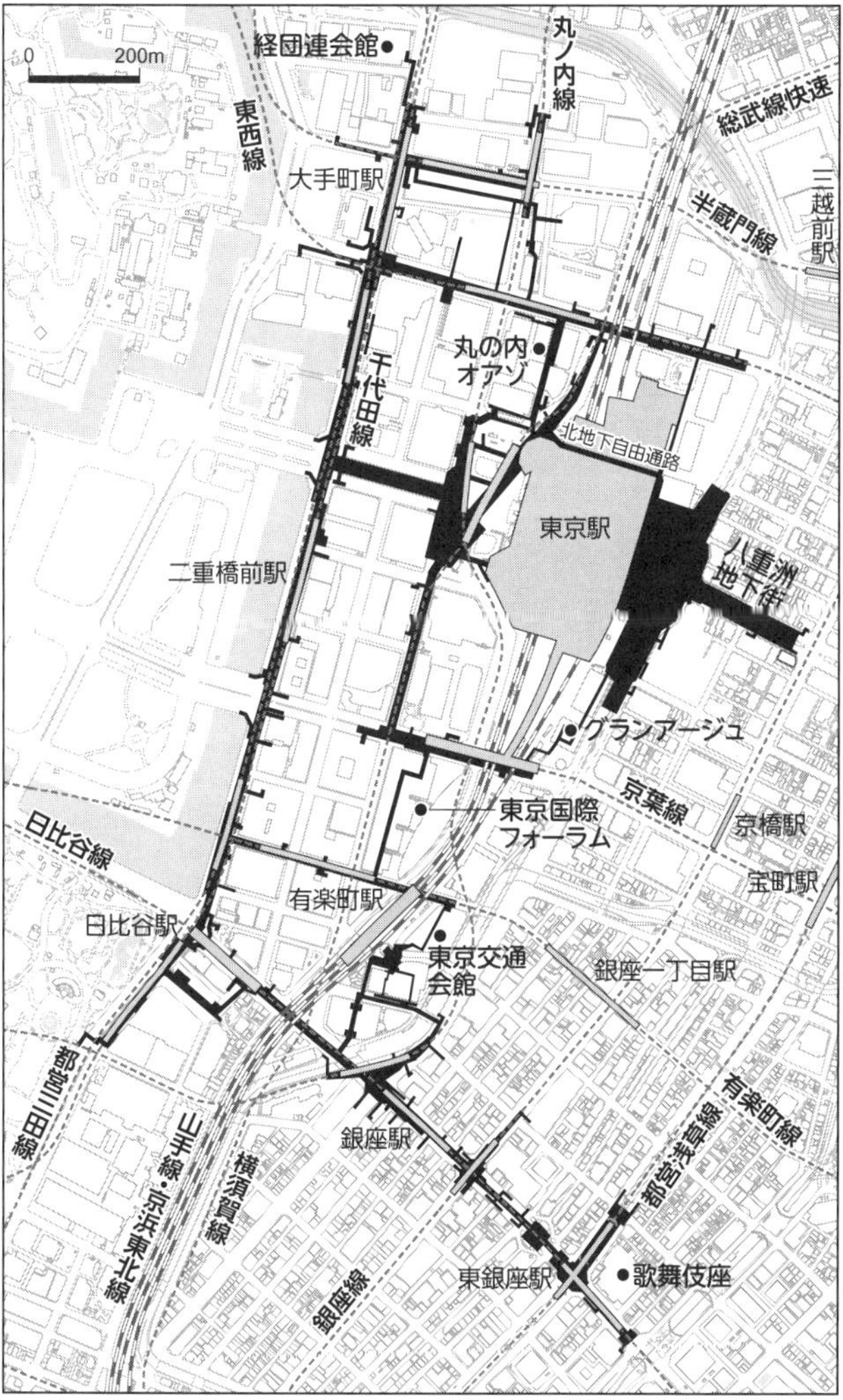

っている。

さらにその東側に広がるのが「八重洲地下街」だ。売場面積は日本で二番目という巨大な地下街で、東京駅側を頭に「T」の字型になっている。横棒が外堀通り、縦棒が八重洲通りの地下部分となっており、縦棒の端にある23番出口が、東京駅から地下通路で行ける最東端だ。

この三つの地下街に加え、大丸東京店の地下部分がシームレスに隣接しており、西側が東京駅一番街、南側がグランルーフ、東側が八重洲地下街に接続している。地下街ではないが、売り場の中央を自由通路が横切っており、事実上地下街と一体化しているといっていい。

大手町から日比谷、銀座までつながる地下空間は、日本一の駅にふさわしい広大さだ。雨が降ってもどこでも行けるけれど、丸の内の無機質な通路と、八重洲の複雑な商店街が惑わせる。まさしく十分な知識と方向感覚が必要な、挑戦しがいのある迷宮駅といえるだろう。

新宿駅

東西自由通路の開通で改札内の構造が劇的に改善

宿場町の西側に広がる雑木林に建設

1885年（明治18年）3月に、東北本線と東海道本線を連絡するための路線が開業した。北関東や東北と、貿易港である横浜港との貨物輸送のため、東京市街地を迂回・通過するための路線で、赤羽駅と品川駅を結ぶことから品川線と呼ばれていた。現在の埼京線の一部と山手線の西側区間にあたる。開業時に誕生したのが板橋駅と内藤新宿駅、渋谷駅の三駅だった。

江戸幕府が五街道を整備したとき、東海道の最初の宿場である品川宿は、起点の日本橋から二里（一里は三六町。約4㎞）、中山道の板橋宿は二里十八町、日光・奥州街道の千住宿は二里八町と近かったのに対し、甲州街道の高井戸宿は四里と離れていた。そのため、1699年（元禄12年）に日本橋から二里弱のところへ新たに開設されたのが、内藤新宿という新しい宿場だった。

内藤の名は、信濃高遠藩の内藤家に由来する。徳川家康に仕え、二代将軍秀忠の傅役《もりやく》も務めた内藤清成は、家康の関東移封《いほう》の際に、四谷から代々木にかけての20万坪超を拝領した。内藤家の下屋敷として使用されていたこの土地の一部が、宿場の開設のために幕府へ返上された。残る部分は明治以降に、農業技術の改良を行う国の機関である内藤新宿試験場となり、現在では新宿御苑として憩いの場となっている。

新宿通りと外苑西通りが交わる四谷四丁目交差点付近に、かつて四谷大木戸という関所があった。ここから成木往還（現在の青梅街道）との分岐点である新宿追分（現在の新宿三丁目交差点付近）まで、約1㎞にわたって宿場が広がっていた。下町・仲町・上町に分けられた家並みは、現在の新宿一丁目・二丁目・三丁目の区分とほぼ一致する。

当時の宿場町には旅籠屋（宿泊施設）や茶屋（飲食店）だけでなく、岡場所（色町）も置かれて賑わっていた。風紀の乱れを問題視された内藤新宿は、徳川吉宗による享保の改革の一環として、宿場開設から20年弱の1718年（享保3年）にいったん廃止されるが、50年余り後の1772年（明和9年）に再開された。以降、幕末まで繁栄が続くこととなる。

内藤新宿の一角を除いて、明治初期の新宿エリアは閑散としていた。内藤家の下屋敷跡が農業の試験場となったのも、周辺が農地として活用されることを見越してのものだった。試験場では当時はハイカラな飲み物だった牛乳の生産、つまり牧畜も行われ、1888年

（明治21年）には現在の新宿二丁目に耕牧舎という牛乳販売会社の牧場も開かれている。耕牧舎の創業者は渋沢栄一で、一時は芥川龍之介の父が経営していた。宿場の西側は、江戸期は武家地だったものの、明治維新によって大名や旗本が本拠へ帰ったことで一気に空洞化。雑木林が広がっていた。

町外れの牧歌的な荒地は、鉄道路線と駅の建設にはうってつけだった。１８８５年（明治18年）、賑わう内藤新宿から西へ約２㎞離れた青梅街道沿いに内藤新宿駅は建設された。貨物輸送が主体で、旅客列車はわずか一日三往復。小さな蒸気機関車に二両編成の客車が牽かれ、乗降客は一日に50人程度だったという。１８８７年（明治20年）に駅名は「新宿駅」に改称される。

１８８９年（明治22年）に現在の中央線にあたる、甲武鉄道の新宿〜立川間が開通したことで、新宿駅は乗換駅となるが、まだまだ駅の周囲には田園が広がり、唯一の出入口前には茶屋が二軒あるだけだった。１８９５年（明治28年）に甲武鉄道が都心方面に延伸すると、次第に駅の業務量は増加。駅舎は甲州街道沿い（現在の南口付近）へと移転する。

しかし、青梅街道側にも利用者の一定のニーズがあった。西新宿エリアに、タバコを製造する東京地方専売局淀橋《よどばし》工場と、玉川上水の水質汚染を浄化する淀橋浄水場が完成したため、甲武鉄道は甲州口と青梅口にそれぞれホームを設置した。こうして甲州街道沿いに跨線橋を設置した南口と、青梅街道に近い東口と西口という、現在に至る新宿駅の構造ができあがっていった。

連絡通路は北側二本が地下、南側二本が高架

乗降客数世界一を誇る新宿駅だけに、構造は複雑だ。東京駅と異なり、そもそもJR線の改札内がわかりにくい。まず、特殊なのがプラットホームの位置だ。JR新宿駅は1面2線の島式ホームが八つある。つまり1番線から16番線が存在するのだが、問題はこの八つのホームが平行に並んでいないことだ。

戦前は構内に余裕があった新宿駅も、他社線の駅や商業施設が近隣に作られ、手狭になっていった。1984年に、現在のタカシマヤタイムズスクエアの位置にあった貨物駅を廃止してスペースを捻出し、1993年には山梨・長野方面の中央本線の中距離普通列車の発着を取りやめた。系統を分離し、高尾駅（一部列車は立川駅、八王子駅）で乗換を行う仕組みに変更している。

空いたスペースには、中央線の緩急分離や優等列車（急行や特急）の発着に対応するた

1907年（明治40年）頃の新宿駅構内図。甲州口と青梅口にホームが分かれている。

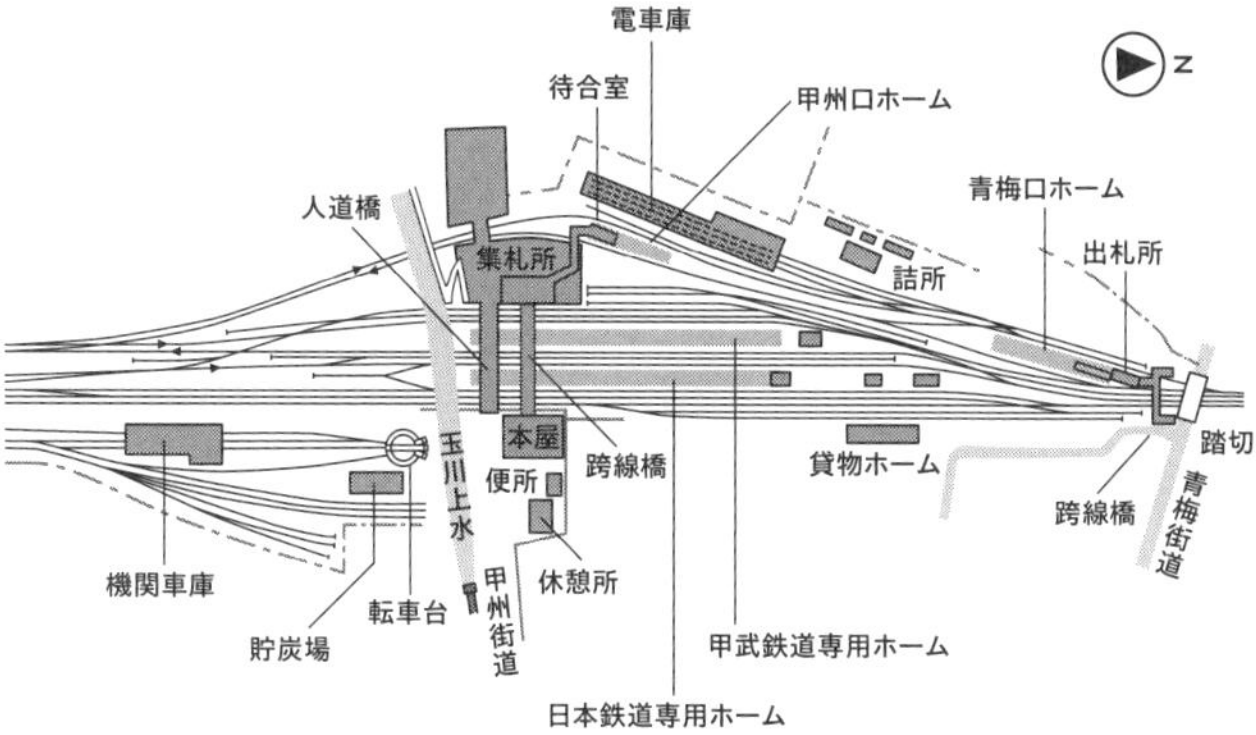

1911年（明治44年）の新宿駅甲州口駅舎。

（所蔵：新宿歴史博物館）

め、ホームを増設。1986年の埼京線延伸、1991年の「成田エクスプレス」乗り入れ、2007年の中央線快速・特急ホーム増床で、それぞれ1面2線ずつが追加された。三つのホームは南側にずらして設置されたが、とりわけ極端なのが5・6番線ホームで、北端と隣の7・8番線ホームの南端が、ほぼ並んだ位置にある。

これだけホームが南北に延びると、連絡通路の数が増える。そして、各ホームから直接アクセスできる連絡通路と、できない連絡通路が出てくる。これが新宿駅を複雑にしている第一の原因だ。

新宿駅のJR線には、現在四本の連絡通路があり、北側二本が地下1階、南側二本が地上2階にある。最も北側の通路は、2020年7月に利用開始した「東西自由通路」と平行している。呼称は存在しないのだが、ここでは便宜上「東西構内通路」と呼びたい。

東西自由通路はもともと改札内の連絡通路で、その東端が東口改札、西端が西口改札だったため、駅の北側にありながら「東西」の名が残っている。現在は東西自由通路と東西構内通路の間にある二カ所の改札が、それぞれ「東改札」「西改札」と命名されている。東西構内通路の南側にある連絡通路が中央通路で、東端が中央東改札、西端が中央西改札となっている。

東西構内通路からは、直接アクセスできないホームがある。つながっているのは7～16番線だけで、1～6番線へは行くことができない。ただし、東西構内通路と中央通路は東側でつながっている。そのため中央通路を経由すれば、すべてのホームへ向かうことが可能だ。二つの通路は将来的に西側でもつながり、四角形の地下通路として一体化する見込みだ。これが完成すれば、迷う人は格段に減るだろう。

三つ目の連絡通路はいわゆる「南口」へと向かうもので、四つ目はかつて「新南口」「サザンテラス口」と呼ばれていた最南端の連絡通路だ。ここではそれぞれ「南通路」「新南通路」と呼ぶが、いずれも甲州街道の陸橋に接続していて、向かい合う位置にある。甲州街道の北側が南通路、南側が新南通路だ。

新南通路は、13・14番線と15・16番線ホームから離れた南側に位置しているが、ホームの端が延伸されて、アクセスできるようになった。一方で南通路からは5・6番線ホームのみ、直接行くことができない。あまりにも南側に位置している5・6番線ホームは、北端が南通路にすら達していないのだ。

そもそも南通路より北側にあるにもかかわらず、中央通路から5・6番線ホームへ行くことができるのは、あくまで延々と延びる地下通路を経由してのことだ。南通路からこの

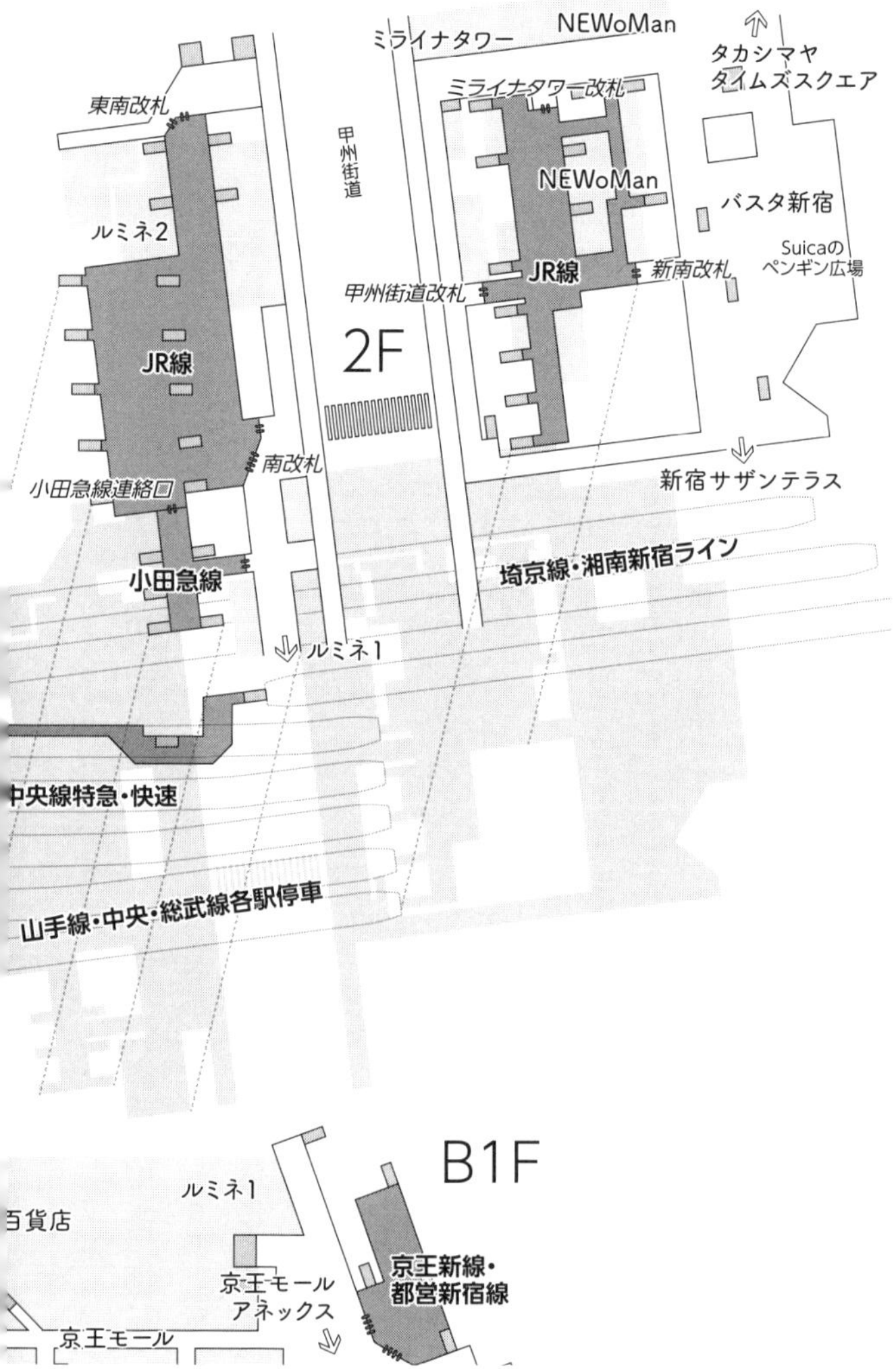
NEWoMan
ミライナタワー
タカシマヤ
タイムズスクエア
東南改札
甲州街道
ミライナタワー改札
NEWoMan
バスタ新宿
ルミネ2
Suicaの
ペンギン広場
JR線
甲州街道改札
新南改札
2F
JR線
南改札
新宿サザンテラス
小田急線連絡口
小田急線
埼京線・湘南新宿ライン
ルミネ1
中央線特急・快速
山手線・中央・総武線各駅停車
B1F
ルミネ1
百貨店
京王新線・
都営新宿線
京王モール
アネックス
京王モール

新宿駅マップ

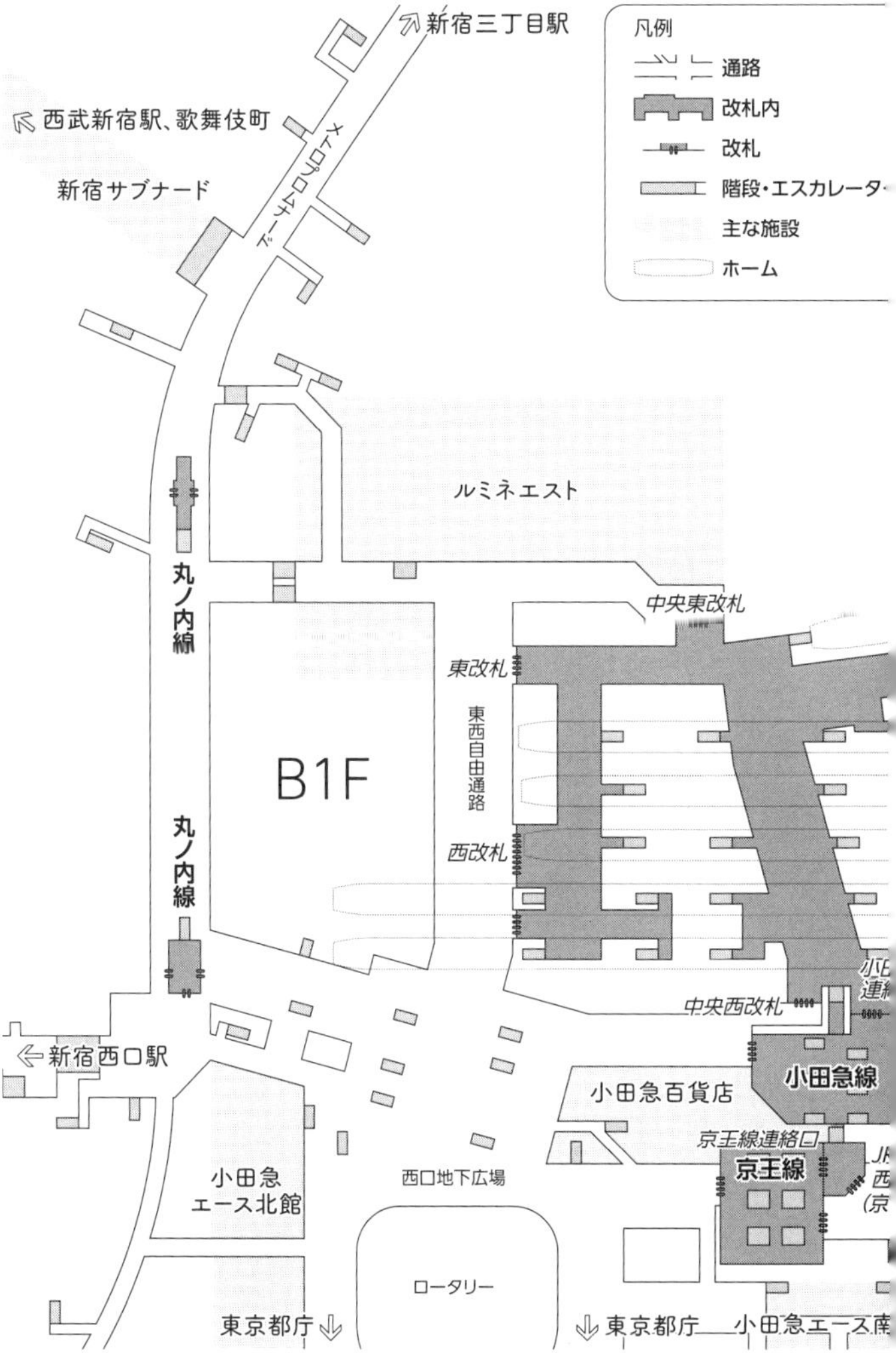

新宿三丁目駅
凡例
通路
改札内
改札
階段・エスカレータ・
主な施設
ホーム
西武新宿駅、歌舞伎町
メトロプロムナード
新宿サブナード
ルミネエスト
丸ノ内線
中央東改札
東改札
東西自由通路
B1F
西改札
丸ノ内線
中央西改札
新宿西口駅
小田急線
小田急百貨店
京王線連絡口
京王線
小田急
エース北館
西口地下広場
ロータリー
東京都庁
東京都庁
小田急エース

地下通路へエレベーターで下りることができるので、二度のフロア移動をすれば5・6番線ホームへ行くことはできる。もっとも5・6番線ホームは、「成田エクスプレス」や東武鉄道へ直通する「スペーシア」といった、運行本数の少ない特急列車専用ホームであるため、利用機会はそれほど多くない。

連絡通路が上下に分かれていることで、駅全体を把握しづらいJR新宿駅だが、「北は地下で南は高架」と覚えておけばぐっと理解しやすくなる。これ以上のホームの増設は考えづらいし、構造をシンプルにする努力が続けられているため、JR新宿駅構内の迷宮化が進むことはないだろう。

JRと私鉄駅は南北に、地下鉄駅は東西に延びる

新宿駅に乗り入れている私鉄は、小田急電鉄の小田原線、京王電鉄の京王線・京王新線、西武鉄道の新宿線、東京メトロ丸ノ内線、都営地下鉄新宿線・大江戸線の五社七路線だ。JR線に平行する形で小田急線の優等列車（特急、急行など）のホームがあり、その下層に各駅停車のホームが設置されている。京王線のホームは、小田急線の地下ホームに平行する形だ。ここまでの構造はわかりやすい。

連絡通路も、小田急・京王とも中央通路にJRとの乗換改札があり、南通路にも小田急の乗換改札がある。いったん改札を出る形になるが、南通路から京王への乗換もでき、東西自由通路を経由しての両社線への乗換も可能だ。つまり、新南通路以外を利用すれば、スムーズな乗換が可能だ。

かつて新宿駅は、この二社の路線を利用する人を大いに悩ませる構造となっていた。小田急と京王の新宿駅はいずれも西口にあるため、繁華街である駅東側の新宿三丁目方面へ向かう人にとっては不便な構造だった。東口へ行ける実用的な自由通路がなかったのだ。

新宿駅を東西に横断する自由通路は四本あった。北から、思い出横町と東口駅前広場を結ぶ「角筈ガード」(旧青梅街道)、丸ノ内線新宿駅の改札横を通る「メトロプロムナード」、新南通路と南通路の間を通る甲州街道、そして新南通路のさらに南に位置し、新宿サザンテラスとタカシマヤタイムズスクエアを結ぶ「イーストデッキ」だ。

角筈ガードは1927年(昭和2年)に完成した細くて暗い通路で、メトロプロムナードは地下通路で場所がわかりにくく、いずれもやや北側に寄りすぎていた。イーストデッキと甲州街道は、小田急・京王から東口へ向かうには遠い位置にあるため論外だった。

そのため、小田急と京王の利用者が中央通路を経由し、JRの中央東改札から入出場できる特別な措置が長らく取られていたが、新たに東西自由通路が完成したことで終了した。現在では小田急・京王の利用者は、中央通路を利用できないことを覚えておきたい。

ややこしいのは、ＪＲ線の利用者は引き続き、京王線乗換口付近からの入出場が可能だということだ。中央通路には中央西改札が二つあり、階段の先にある京王線連絡口脇の中央西改札（京王口）は、ＪＲ線の利用者が使用できる。

小田急や京王、やや離れた位置にある西武新宿線など、新宿駅の私鉄各線はＪＲ線と同じように、南北方向にホームが設置されている。これに対して、東西方向に設置されているのが地下鉄だ。丸ノ内線は旧青梅街道、都営新宿線は甲州街道と、新宿駅が建設された当時の北限と南限に位置している。

この「地下鉄は東西」という法則に抗うのが都営大江戸線だ。都庁前駅で環状部分が集約したことで、「新宿駅」と「新宿西口駅」という、区別が付きづらい二つの駅が誕生してしまった。新宿西口駅は旧青梅街道の北側、新宿駅は甲州街道の南側に位置している。

有効なリニューアルが行われない東口

構造を紐解いていくと、各線の改札内と連絡通路だけなら、新宿駅の迷宮度は限定的だ。

きっちりした碁盤目状とはいえないまでも、東西南北の方向性は概ね整っている。厄介なのは、駅の周辺部分だ。

新宿通り沿いのいわゆる「アルタ前」からルミネエスト東側に続く新宿東口駅前広場は、日本屈指の好立地にありながら、有効活用されているとはいいがたい。地下駐車場へのスロープや植栽スペースがあって、狭いスペースが分断されている。ルミネエスト北側の「アルタ前」広場は、車道の一部が撤去されたことで商業施設への搬入出車や地下駐車場へアクセスする車両の動線が変わり、ようやく歩行者が足止めを食らうことはなくなったが、ルミネエスト東側のエリアは利用しにくいままだ。

2020年7月にリニューアルされてアートスペースとなったものの、手狭なのは相変わらずで、両サイドの道路にも変化はない。新しいパブリック・アートは「花束を持っている少年」がモチーフらしいのだが、見ただけでは何かわからないし、キャッチーな名前もない。「新宿東口のなんかデカいアレ」で待ち合わせするくらいなら、わかりやすい「アルタ前」「交番前」を選ぶだろう。

駅前広場の主目的は「待ち合わせ」であり、副目的は「休憩」だ。広くて平らなスペースと、「ハチ公」や「ナナちゃん人形」のような待ち合わせしやすいアイコンがあって、できればテイクアウトしたドリンクなどを飲める簡易的なベンチがあるとありがたい。グランフロント前に広大な空間が生まれた大阪駅や、JRタワー前に広場のある札幌駅、博多口が開放的になった博多駅に比べると、新宿駅の東口はどうにも貧弱で、効果の薄いリニューアルばかり繰り返されている。

東口周辺の地下にも、迷宮が広がる。新宿通りの地下を通る丸ノ内線に沿って、「メトロプロムナード」が新宿三丁目駅まで続いていく。都営新宿線、さらに副都心線の開通に伴って地下道も延伸し、東は新宿二丁目、北は花園神社周辺、南はタカシマヤタイムズスクエアまでつながったが、基本的に大通りの下を通っており、迷ったら地上に出ればいいだけなので、難易度は低い。

厄介なのが、西武新宿線へ向かう地下通路だ。新宿駅東口から、いったん新宿三丁目方向へ向かい、地下街の新宿サブナードを経由する「コ」の字型となっている。もちろん、地上を通ればショートカットできるのだが、雨や雪の時に濡れずに行くためには、遠回りが必要となる。ただ、これは近い将来に解消されそうだ。西武鉄道が地下通路を新宿通り直下に整備する計画を、既に発表している。地下のみで移動した場合、従来約11分かかっていたところが約5分に短縮される見込みだ。

歴史ある地名を失った西口は道案内が難しい

構造的な難易度が高いのは西口だ。まず、地上と地下の二層構造となっていることを認識しておきたい。地上は基本的に車が優先で、歩行者は地下を通行したほうが便利な構造になっている。ＪＲ線・小田急線・京王線とも、メインの出入口はすべて地下だし、近隣の商業施設や西新宿の高層ビル群へ向かうときも、地下を通るのが便利だ。

しかし、ここには大きな罠が五つある。まずはＪＲ線の西改札を出て、東西自由通路をまっすぐ進んだ先にあるロータリーの存在だ。新宿西口には、上層（地上）に巨大なバスターミナルとロータリーが正面に鎮座していて、ぐるりと回らなければ対面に渡れない。しかもこのロータリーは、上下二層を車が移動できるスロープがついた吹き抜け構図になっている。つまり下層（地下）にもロータリーが立ちはだかっているのだ。

都庁など、西新宿へと徒歩で向かうときにこれが障害物となるのだが、案内表示には左右どちらも「都庁方面」と記載されている。これが利用者を迷わせる。ロータリーの膨み部分さえ迂回すれば、どちらを通っても新宿中央通り下層の両サイドにある動く歩道付きの地下道へ到達し、都庁前の同じ場所に出るのだが、初見ではそんなことはわからないから困ってしまう。

二つ目はバスターミナルだ。地下街の「小田急エース北館」周辺から地上に出たいと思ったとき、案内表示を確認せず、手近な階段を上ると軒並みバス停に出くわす。横断歩道は一切ないので、完全な行き止まりだ。

三つ目は、周辺施設へ向かう階段や連絡路が見つけづらいことだ。西口の地下広場が完成したのは1966年（昭和41年）と、かなり古い時代の設計であるためか、直感的な選択が難しい。西口地下から地上へ出る階段のうち、最もスタンダードな出口は、駅や小田急・京王百貨店に近い階段（1～3番出口）だが、これが狭い。しかも3番出口は、階段の向きが逆方面に設置されている。改札から遠い位置に上り口があり、駅へ戻る方向へ上る形状なのだ。

ロータリーとバスターミナルを挟んだ向かい側にある西新宿方面の階段は、さらに見つけづらい場所にある。3番出口と同様に、ヨドバシカメラ 新宿西口本店に直近の7番出口も、完全に逆方面を向いている。周辺のビルや商業施設を経由する出入口もあるのだが、どれも見つけづらくて構造が複雑なうえ、そもそも公共通路であるのか判別しづらいため、通行すること自体を躊躇ってしまう。

そこで目につくのが、前述したバス停へと上る階段なのだ。駅側や西新宿側の階段より幅が広くて、立派に作られており、駅から出てきた人が上りやすい方向に設置されている。最近、ようやくバス停へ向かうことを示す大きな案内表示がつけられたが、メインストリート感があるため、それでも多くの人がトラップにはまってしまう。

四つ目は、周辺施設の構造だ。西口で存在感を示しているのが小田急グループの商業施設だが、この名称区分がややこしい。小田急線の新宿駅と一体化した小田急百貨店のほか、バスターミナル北側の小田急ハルク、バスターミナル下の小田急エース北館、ロータリーを挟んでその南側に位置する小田急エース南館の四つがある。

だがこの問題は、将来的には解消されるかもしれない。東京都は「新宿グランドターミナル」という構想を立てており、一体的な再開発が計画されている。最初に始動するのが小田急と東京メトロで、現在小田急百貨店のある場所に地上48階、高さ約260mという、都庁を超える高さの複合施設を建設する。新宿の新たなランドマークとなる見込みで、2020年9月に地下レストラン街の「メトロ食堂街」が閉鎖されたのは、この再開発が理由だ。

ロータリーは歩行者優先の広場になり、JR新宿駅の上空にも新たな自由通路や広場空間が設置される予定だ。京王百貨店やルミネエストも将来的に建て替えが行われる見込みで、西武による地下道整備もこの一環だ。現在進行中の渋谷駅や大阪駅に匹敵する、壮大な規模の再開発によって、迷宮化は解消されるのだろうか。あるいは、より進行してしまうのだろうか。

西口に残るもう一つの問題点は、地名とランドマークが少ないことだ。あれだけの高層ビルがありながら、いやむしろあれだけの数があるからこそ、新宿西口にはアイコンとなる施設が少ない。わかりやすいのは都庁くらいで、新宿センタービルと新宿野村ビルと新宿三井ビルディングと新宿住友ビルを、外見で判断できる人はそうはいないだろう。安田火災海上ビルが損保ジャパン本社ビルに名称が変わったのは20年近く前だが、現在の名称を言える人は少ないはずだ。

案内表示に記載するのに適した公共施設も少ない。役所や規模の大きい公園などは、方向性を示すのにうってつけなのだが、駅の周辺で「都庁方面」「京王プラザホテル方面」「新宿中央公園方面」といえば、すべて同じ方向になってしまうし、新宿警察署や東京医科大学病院、文化学園大学などは、知名度がそれほど高くない。「西武新宿駅方面」では東口へ行くのかと勘違いしてしまうし、「代々木駅」も東西に出口があるため、紛らわしい。

新宿は東口も公共施設が少なく、新宿御苑と新宿区役所があるくらいなのだが、その代わりに地名が浸透している。「新宿三丁目方面」「歌舞伎町方面」と言われれば、大抵の人はわかる。かつて西口にも、淀橋や柏木、角筈や十二社《じゅうにそう》といった地名があったが、1965年（昭和40年）の住居表示の実施で、すべて「西新宿」に統一されてしまった。高層ビルのイメージが定着した一方で、失われたものも大きかったのではないだろうか。

渋谷駅

平地の少ない谷底の駅は再開発で激変中

開業初日の乗客はゼロ！　農村地帯のポツン駅

渋谷という地名は、平安時代末期の史料に初めて登場する。源義朝に仕えた渋谷常光（金王丸）など、源平時代の武将の拠点となり、渋谷城（現在の金王八幡宮）も築かれたが、領主の渋谷氏は室町時代に後北条氏によって滅ぼされ、地名だけが残った。

江戸時代は下渋谷（現在の恵比寿駅近辺）や原宿に村落があり、丘陵地には大名の下屋敷なども置かれていたが、その他は幕府の直轄地で、水田地帯だった。矢《や》倉沢《ぐらざわ》往還《おうかん》（大山街道の一つ。現在の宮益坂・道玄坂）沿いにいくつか商家があり、現在の円山町《まるやまちょう》あたりは宿場になっていたものの、街道自体が東海道と甲州街道に挟まれた脇往還にすぎず、交通量は多くなかった。江戸郊外の、一般的な農村地帯だったといえるだろう。

１８８５年（明治18年）に日本鉄道品川線の駅として開業した渋谷駅は、現在より３００ｍほど南側に置かれていた。概ね、２０２０年2月に移設される前の埼京線ホームがあった場所だ。貨物需要が中心で、開業初日の旅客はゼロ。１年間の平均乗降客数は一日あたり34人で、周囲に住む人は少なく、江戸時代と同様に田畑や雑木林が広がっていた。

発展のきっかけとなったのは私鉄線の開通だ。建築材料である砂利を多摩川で採取し、都心部まで輸送するため、１９０７年（明治40年）に玉川電気鉄道玉川線（後の東急電鉄玉川線。後継の新玉川線を経て、現在の田園都市線）が建設された。１９１１年（明治44年）には東京市電が乗り入れ、玉電と市電の乗換駅となる。

１９２７年（昭和2年）に東京横浜電鉄（現在の東急）東横線が、１９３３年（昭和8年）には帝都電鉄渋谷線（現在の京王井の頭線）が開業。１９３４年（昭和9年）には関東初の私鉄ターミナルデパート「東横百貨店」（後の東急百貨店東横店東館）がオープンし、１９３８年（昭和13年）には東京高速鉄道線（現在の東京メトロ銀座線）が開業した。

急速な発展の背景には、実業家の五島慶太の存在があった。東急の事実上の創業者である五島は、鉄道の敷設と宅地開発を同時に行う田園都市計画を推し進め、沿線に娯楽施設やデパートを作って沿線の価値を高め、さらに大学を誘致してイメージをアップさせた。関東大震災で都心を焼け出された人たちによる郊外への移住が重なり、東急グループのターミナル駅となった渋谷もまた、大きく発展していく。

ＪＲと京王が地上、東急と東京メトロは地下

渋谷駅が迷宮化した最大の理由は地勢だ。もともと渋谷は、渋谷川と宇田川が合流する谷底に位置する、東西を坂に囲まれた狭隘《きょうあい》で軟弱な土地で、鉄道駅の建設に不向きな場所だった。山手線が１９２０年（大正９年）に高架化されたのも、駅の南北の勾配を緩やかにすることが目的の一つだった。

渋谷駅の周辺には平坦な場所が少なく、拡張が難しかった。同時に開業した新宿駅は、官鉄と私鉄各線のホームがいずれも南北方向に作られていったのに対し、渋谷でホームを山手線と平行に作った私鉄線は、東急東横線だけだった。昭和初期の段階で、渋谷駅は複雑な立体構造となる宿命から逃れられなくなっていた。

山と谷が複雑に絡み合った地形だから、周辺道路も碁盤目状には作られていない。明治通り、青山通り、六本木通り、玉川通り、文化村通り、井の頭通り、公園通りと、渋谷の道路は四方八方に延びている。地下駅は道路の下に、地上駅や高架駅は道路を避けて作られるから、放射状の道路が多いと駅の向きも揃いにくい。それでもホームだけは、各線とも概ね山手線と平行または垂直に設置されたが、階層はバラバラとなった。

これは官鉄・国鉄時代の渋谷駅の存在感が薄かったことも、背景にある。１９９６年（平

成8年）に埼京線が乗り入れるまで、ＪＲ線は山手線の単式ホーム2面2線があるのみで、頭端式4面4線の旧東横線渋谷駅より規模が小さかった。現在、ＪＲ線を2面4線とする工事が進められているが、これが完成しても東横線・副都心線と規模は変わらない。核となる駅がないから、各社が独自の基準で「渋谷駅」を作り、坂が多い地形が災いしてホームの階層が分かれ、それらが連絡通路や地下道で強引につなげられた。渋谷が他の迷宮駅と異質なのは、こうした背景がある。

ホームの移設が完了すれば再開発は最終段階に

渋谷駅の歴史の中で、構造が最も複雑化したのは現在だ。大がかりな再開発が続いており、仮設の仕切りや案内表示に覆われている。動線が頻繁に変更されることで、混乱も生じているのだが、この再開発が終了すれば、渋谷のダンジョン化は劇的に解消するはずだ。

既に完成形が見えつつあるのはホームの位置だ。開業時からの形をとどめているのは、1977年（昭和52年）に開設された東急田園都市線・東京メトロ半蔵門線のみ。京王井の頭線は1997年（平成9年）にリニューアルされ、複合商業施設の渋谷マークシティの中に現駅が作られた。銀座線の車庫と同じ施設内に同居するという、珍しいつくりにな

渋谷駅配置図

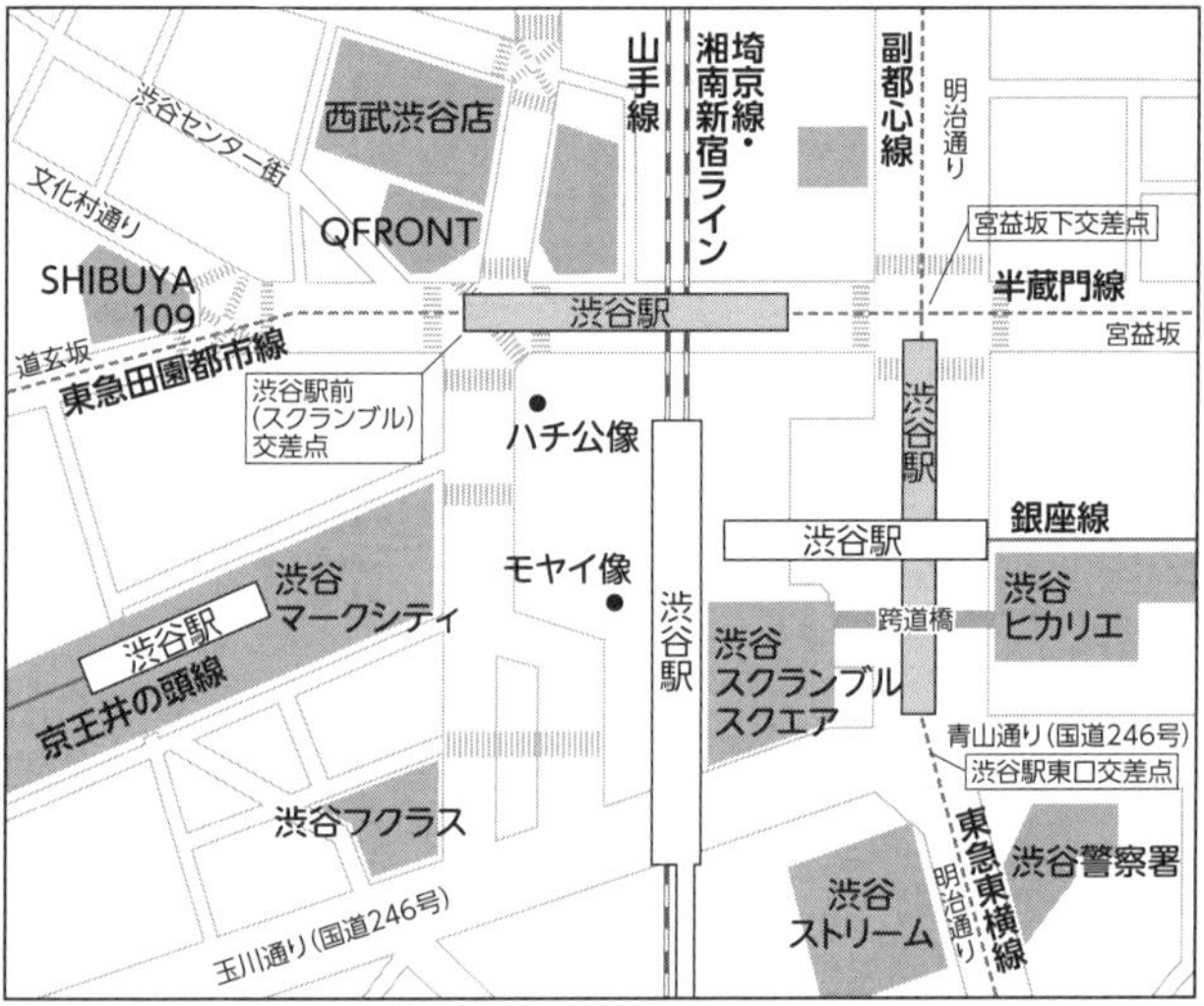

っている。

続いて２００８年にＪＲ駅東側の明治通り直下に、東京メトロ副都心線の駅が開業。２０１３年には東急東横線が接続し、かまぼこ屋根の旧駅舎は消滅した。２０２０年には銀座線ホームが東寄りに、埼京線ホームが北寄りに移設。今後、山手線を２面２線の単式ホームから、１面２線の島式ホームへと変更すれば、改良が完成する。

整理すると、地上（高架）にはＪＲ線（山手線・埼京線）、京王井の頭線、東京メトロ銀座線の３社４線がある。ＪＲ線は２面４線の島式ホームで、山手線と埼京線のホームが並列に並ぶ形となる。井の頭線は離れた西側に垂直方向に置かれ、頭端式の2面2線となっている。東側には銀座線が置かれ、こちらは島式の1面2線となっている。

地下駅はいずれも東急と東京メトロの兼用ホームだ。明治通り直下に2面4線の東横線・副都心線が、旧大山街道直下に1面2線の田園都市線・半蔵門線のホームが「L」字に置かれている。JRと京王は地上、東急と東京メトロはセットで地下。イレギュラーなのは、銀座線だけだと理解しておくとわかりやすい。

階層を把握しにくい複雑な地下スペース

とりわけ難解なのが地下の構造だ。渋谷の地下は、移動できる範囲がそれほど広くない。地下通路の北端は宮下公園交差点、西端はSHIBUYA109、東端は渋谷警察署前、南端は渋谷ストリームと、他の迷宮駅に比べれば圧倒的に狭い。ややこしいのは垂直（高低）方向の広がり方だ。最も高い位置にある銀座線は地上3階、最深部にある東横線・副都心線は地下5階にホームがある。

細かいトラップも多い。一般的な地下駅は、地下1階に改札とコンコースが、地下2階にホームがある。だが田園都市線・半蔵門線の渋谷駅は、地下1階は単なる接続フロアで、地下2階が改札・コンコース、地下3階がホームとなっている。これは以前から地下1階の高さに地下街があったためで、1957年（昭和32年）にオープンした「しぶちか」や、隣接する東急百貨店東横店の「東急フードショー」を避けた結果、無駄なワンクッションを挟むこととなった。

遅れて作られた東横線・副都心線はさらに厄介だ。地下3階を走る田園都市線・半蔵門線と立体交差する必要があるため、より深い地下5階にホームが作られた。スペースの都合上、地下4階には乗換フロアが設置されている。

地上から東横線・副都心線ホームへ下りる場合、地下3階の田園都市線・半蔵門線ホームを経由する必要はなく、地下2階から地下4階へ直行できるエスカレーターを使用すればいい。それでも地下1階と地下4階という、無駄なツークッションを挟むうえ、このエスカレーターが少々見つけにくい場所にある。

東急・東京メトロの地下改札は、集約すると四つにまとめることができる。田園都市線・半蔵門線の西側の改札は「道玄坂改札」で、SHIBUYA109や東急百貨店渋谷・本店に近い。中央にあるのが「ハチ公改札」で、JR線のハチ公口や井の頭線の乗換に便利だ。東側の「宮益坂改札」は、東横線・副都心線の北側の改札にもなっている。

問題は東横線・副都心線南側の「渋谷ヒカリエ改札」だ。「宮益坂改札」とは改札内でつながっているのだが、途中に短いエスカレーターがある。平行する改札外通路はスロープや動く歩道で移動できる程度の中途半端な高低差なのだが、地図上では「地下3階」と表記されている。他の改札のある地下2階とは、別フロアという扱いなのだ。

つまり、渋谷駅には田園都市線・半蔵門線ホームと渋谷ヒカリエ改札付近という、階層の異なる「地下3階」がある。一般的に建物の階は、同じレベルに作られているという共通認識があるはずなのだが、渋谷駅の地下ではこれが通用しない。さらに、これらの「地下3階」がバラバラの場所に、飛び地のように存在する。これは「地下1階」も同様で、階層の把握が極めて難しい。

そのため、ハチ公方面では地下1階を経由しなければ地下2階へ行けないが、ヒカリエ方面では地表から地下3階までダイレクトで行ける。中途半端な階層を作った設計上の問題が根本的な原因だが、地下3階という概念の定義付けも失敗している。作ってしまった以上、案内表示などソフト面でカバーするしかない。

渋谷の地下空間は完成形に近づきつつあるが、現在位置を把握するための工夫が全体的に足りないように感じる。地下からの出入口の番号は、A～Dの四エリアに分けて表記さ

ミヤシタパーク
B3F
B2F
宮益坂東改札
宮益坂中央改札
東急東横線・副都心線（ホームはB5F）
東急東京メトロ渋谷駅観光案内所
東口地下広場
スロープ
スロープ
銀座線(3F)
渋谷ヒカリエ
B1F
渋谷ヒカリエ1改札
渋谷ヒカリエ2改札
B3F
東急東横線・副都心線（ホームはB5F）
埼京線・湘南新宿ライン
山手線
渋谷スクランブルスクエア
渋谷警察署
渋谷ストリーム

渋谷駅マップ（地下）

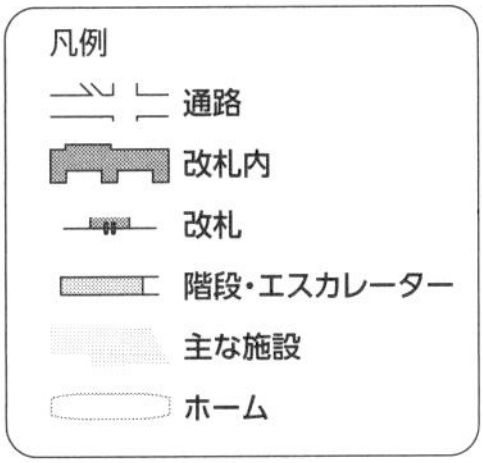
凡例
通路
改札内
改札
階段・エスカレーター
主な施設
ホーム

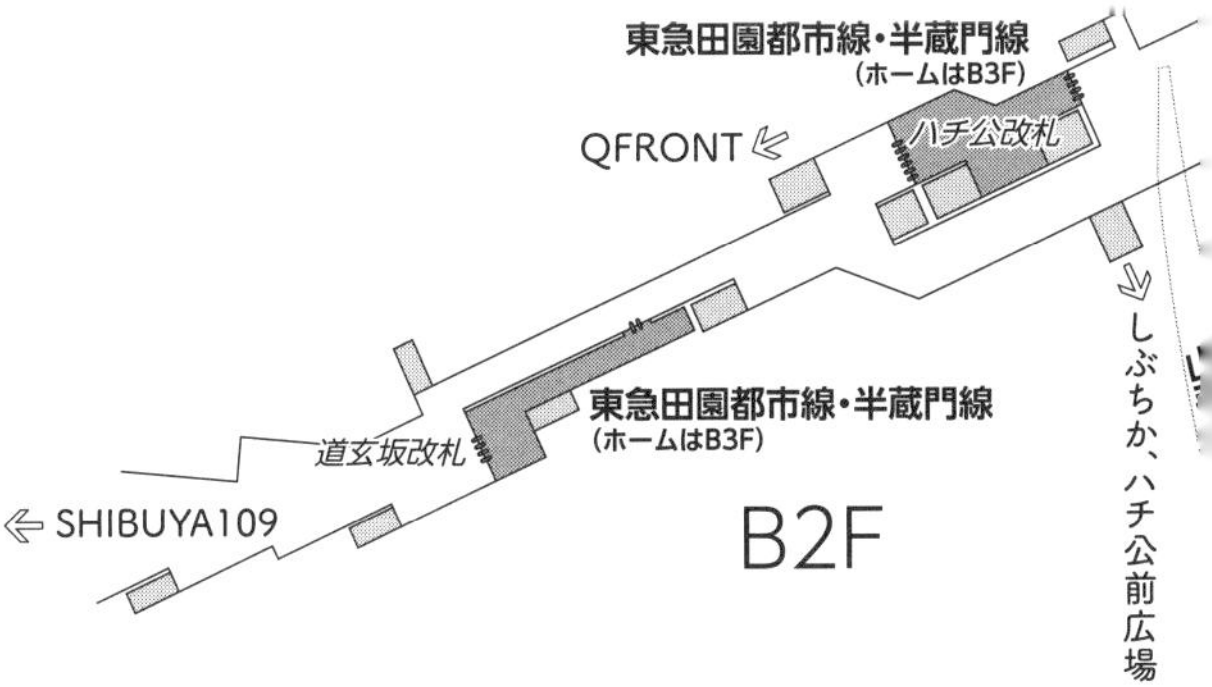
東急田園都市線・半蔵門線
（ホームはB3F）
ハチ公改札
QFRONT
東急田園都市線・半蔵門線
（ホームはB3F）
道玄坂改札
SHIBUYA109
B2F
しぶちか、ハチ公前広場

れるようになったのだが（A1、B2など）、そもそも4つのエリアの境界が判然としないなど、どこかピントがずれている印象だ。階層表記を含め、渋谷地区全体で統一性を作っていく必要があるだろう。

デッキの完成で徒歩移動の主体は空中になる！

渋谷の再開発は、2027年にいったん終了する見込みだ。駅周辺では、既に旧東横線渋谷駅の跡地に渋谷スクランブルスクエア東棟が完成しており、東急百貨店東横店の跡地とJRの線路上に中央棟・西棟が作られる予定となっている。

これで駅東側の渋谷ヒカリエ、駅西側の渋谷マークシティと渋谷フクラス、駅南東の渋谷ストリーム、そして駅南西に2023年に完成予定の渋谷駅桜丘口地区再開発ビル（仮称）と、渋谷スクランブルスクエア3棟とを合わせた八つの複合施設が完成する。

谷底にある渋谷駅を囲むビル群は、歩道橋や空中デッキによって、高い位置で接続されている。既に駅の東側には、渋谷スクランブルスクエアと渋谷ヒカリエを結ぶデッキが存在し、駅南東側では渋谷スクランブルスクエアと渋谷ストリーム、渋谷警察署前を結ぶ歩道橋がリニューアルされた。駅南西側にも歩道橋が完成している。これらは概ね、地上2

階レベル同士を結ぶルートとなる。

さらに地上4階レベルには、空中デッキ「スカイウェイ」が作られる予定だ。宮益坂上付近から渋谷ヒカリエ横を経由し、銀座線の上を通ってJR線を横切り、渋谷マークシティを結ぶ自由通路で、渋谷の谷底の上に幅の広い一本の橋を架けるような形となる。駅の東西の移動、とりわけ銀座線と井の頭線の乗換が、劇的に改善するはずだ。

地表レベルにはバスターミナルとタクシープールを集約。ハチ公前など、広場空間が拡充される。地下にも東口に駐輪場が、西口にはタクシープールが作られる予定だ。

こういった階層を縦方向につなぐのが、各複合施設に建設される「アーバン・コア」だ。筒状吹き抜けのエレベーターホールで、既に渋谷スクランブルスクエアや渋谷ヒカリエ、渋谷ストリーム、渋谷マークシティ、渋谷フクラスに設置されており、最終的には九カ所に作られる予定だ。ただ、縦の動線としてしっかり機能しているのはスクランブルスクエアとヒカリエくらいで、高層階や地下階まではエスカレーターが達していないものも多い。

2027年にネットワーク網が完成するまでに、案内表示の工夫やハード面の細部改良など、十分な準備を期待したい。歩行者は地表ではなく、空中か地下の移動が便利だというPRを事前に行い、利用者のコンセンサスも獲得しておきたいところだ。

池袋駅

上京したての人でも理解しやすい整った形状の駅

建設理由はだだっ広いスペースがあったから

新宿、渋谷と並び、三大副都心の一つに挙げられる池袋。後北条氏の文書に記載されていることから、戦国時代には既に地名として存在したと考えられている。明治時代には巣鴨村の大字となったが、ところどころに農家がある程度で、手つかずの自然が残された場所だった。１８８５年（明治18年）に日本鉄道品川線が開業した時も、駅が設置されたのは板橋・内藤新宿・渋谷で、15日後に目白駅が設置されたものの、池袋は素通りだった。

転機となったのは、１８９６年（明治29年）に日本鉄道土浦線（現在の常磐線）の田端〜土浦間が開業したことだ。当時は旅客輸送よりも貨物輸送の需要が圧倒的に多く、品川線も鉄道が開通していなかった上野〜新橋間を迂回するための路線として誕生したことは、東京駅の項で記した通りだ。土浦線も土浦・水戸方面からの貨物列車が、行き止まりの上野方面ではなく、品川線へ迂回して横浜方面に抜けられるよう、田端駅が起点とされた。

しかし、このルートではいったん田端駅から赤羽駅へと向かい、スイッチバック（方向転換）してから品川駅へ移動しなければならない。遠回りなうえに手間がかかる。土浦線で主に輸送されていたのは常磐炭田で採掘された石炭で、蒸気船や蒸気機関車が物資輸送の主流だった時代に、燃料を横浜港へと迅速に輸送することは喫緊の課題だった。そこでスイッチバックを解消するために計画されたのが、田端駅と品川線を短絡する新線だった。

当初は目白駅の北に雑司ヶ谷《ぞうしがや》駅を設置して、そこから田端方面への分岐線を作ることが予定されたが、計画線上（現在のサンシャインシティの位置）に巣鴨監獄があるということで断念。続いて目白駅から直接田端駅へ向かうルートが構想されたが、目白駅は両側を掘削して切り通した場所に建設されていたため、分岐駅として拡張することが困難だった。

こうして1902年（明治35年）、目白駅より1㎞ほど北の、雑木林や畑が広がる平坦な台地に、池袋信号所が作られた。翌1903年（明治36年）に田端駅とを結ぶ豊島線（現在の山手線の北側区間）が開通すると同時に、駅へと昇格する。

開業当時の池袋駅周辺は原野そのものだった。発展のきっかけとなったのは、学校の転入と私鉄の開通だ。1909年（明治42年）に立教大学が駅西側の土地を購入。同年には東京府豊島師範学校（東京学芸大学の前身）が開校し、現在の東京芸術劇場や池袋西口公園の一帯に校舎を構えた。隣の目白駅近くにも、1908年（明治41年）に学習院（現在の学習院大学）が移転。広大な土地が確保可能だった池袋周辺は、文教地区に適していた。

私鉄線は当初、池袋に駅を作る計画はなかった。1914年（大正3年）に池袋～田面沢（廃駅。現在の埼玉県川越市小ヶ谷）間で開通した東上鉄道（現在の東武東上線）は、もともと起点を小石川区小石川大塚辻町（現在の東京メトロ丸ノ内線新大塚駅付近）に置く予定だった。

当時の大塚は山手線と王子電車（現在の都電荒川線）が交差する乗換駅で、料理屋などが集積して賑わっていた。時代が下ると花街として発展し、1920年（大正9年）に料理屋の組合が発足。1922年（大正11年）には正式に三業地（警察の認可した花街）として認められている。

1915年（大正4年）に開通した武蔵野鉄道（現在の西武池袋線）も、池袋ではなく、巣鴨駅を起点とする予定だった。巣鴨には江戸時代に中山道の立場《たてば》（宿泊場所はないが、茶屋などが置かれた街道の休憩施設）が置かれ、明治期以降は野菜の種子問屋や植木屋が並んで賑わっていた。染井墓地（現在の染井霊園）付近の植木屋が誕生させたのが、代表的な桜の品種として知られるソメイヨシノだ。

1891年（明治24年）には上野駅の拡張工事の影響を受け、高岩寺（とげぬき地蔵）が巣鴨に移転してきた。従来の檀家との縁を切り離された高岩寺は、地域と密接に結びつくために縁日を始めた。こうして巣鴨は、城北地区で随一の繁華街となっていた。

それでも二社は、起点を池袋に変更した。その理由は、文教地区として発展の兆しが見られたこと、さらに鉄道用地が十分に確保できたことだった。繁華街である大塚や巣鴨に、鉄道を敷設するための土地を確保することは難しかった。だが、私鉄2線が開業してもなお、池袋駅周辺の開発はなかなか進まず、乗換駅の域を脱しなかった。立教大学校歌に歌われるように「紫匂える武蔵野原」が、まだまだ広がっていた。

転機となったのは、皮肉にも1923年（大正12年）に発生した関東大震災だった。当時の東京中心部が壊滅的な被害を受け、池袋・新宿や渋谷周辺、あるいはそこから発着する私鉄沿線へと移り住む人が続出した。徐々に人口が増えはじめた池袋は、1935年（昭和10年）に菊屋デパート（現在の西武池袋本店）が開業して、ようやく発展の兆しを見せていく。

碁盤目状の駅構内は構造を把握しやすい

広大な原野に、ゆとりをもって作られた池袋駅。建設経緯の他にも、池袋駅は東京駅との共通点が多い。まずJR線の構造がシンプルというところだ。1階に4面8線のホームがある地上駅だが、四つのホームが整然と平行している。1～4番線が埼京線と湘南新宿ライン、5～8番線が山手線で、どちらも北行き・南行きでホームが区分されている。

主な連絡通路は地下にあり、いずれも自由通路と平行するタイプだ。どの改札から構内に入っても、すべてのホームへアクセスできる。自由通路は「北」「中央」「南」の三本で、これらをつなぐ縦方向の自由通路と合わせて「日」の字の形状となっている。通路が碁盤目状なのも、東京駅と共通している点だ。

イレギュラーなのは、ホームの最南端にある跨線橋だ。メトロポリタン改札へと続く連絡通路は、駅南西にあるメトロポリタンプラザ（ルミネ池袋などが入居）へと直結している。ただし、付随的に作られた出入口であり、どうしても利用しなければならないケースは少ない。目立たない出入口なので、迷い込む心配もないだろう。

私鉄駅も概ね、わかりやすい構造になっている。東武東上線は三つの自由通路のいずれからもアクセスが可能だが、南通路だけはタイプが異なる。北通路と中央通路には地下部分に改札があり、そこからホームへ上がる形だが、南通路は先に地上1階へ上がってから改札へ入る仕組みだ。

東上線のホームはJR線と平行する形で1階に置かれていて、地下の連絡通路でアクセスする仕組みも共通しているのだが、始発駅なので島式ホームではなく、駅の南側で集約する頭端式ホームとなっている。そのため南通路側の改札は、櫛の背の部分にあたる、地上1階に設置されている。地下の南通路からワンフロア上る必要があるのはそのためだ。

西武池袋線も地上1階の頭端式ホームだ。こちらは駅の南方向に寄っているため、北通路からダイレクトに行くことはできない。中央通路からは1階へ上がってから、櫛の背の位置にある改札へ向かう。南通路からは、地下に改札口があるので、そのまま構内へアクセス可能だ。

いずれも複数の乗換ルートが存在し、地表レベルから直接向かえる改札もある。どの地下通路を選んでも、行き止まりにならない安心感は、他の迷宮駅にはないものだ。規模が大きい割には動線が極めて整っているため、迷宮駅と呼ぶことを躊躇してしまうほどだ。

地下鉄は、地上駅ほどシンプルではない。池袋駅には東京メトロの丸ノ内線、有楽町線、副都心線の三線が乗り入れている。このうち丸ノ内線ホームは中央通路、有楽町線は南通路の直下にあり、改札もそれぞれの自由通路の中央に作られている。丸ノ内線と有楽町線の構内は直結しておらず、乗換には一度改札を出る必要があるものの、ルートはわかりや

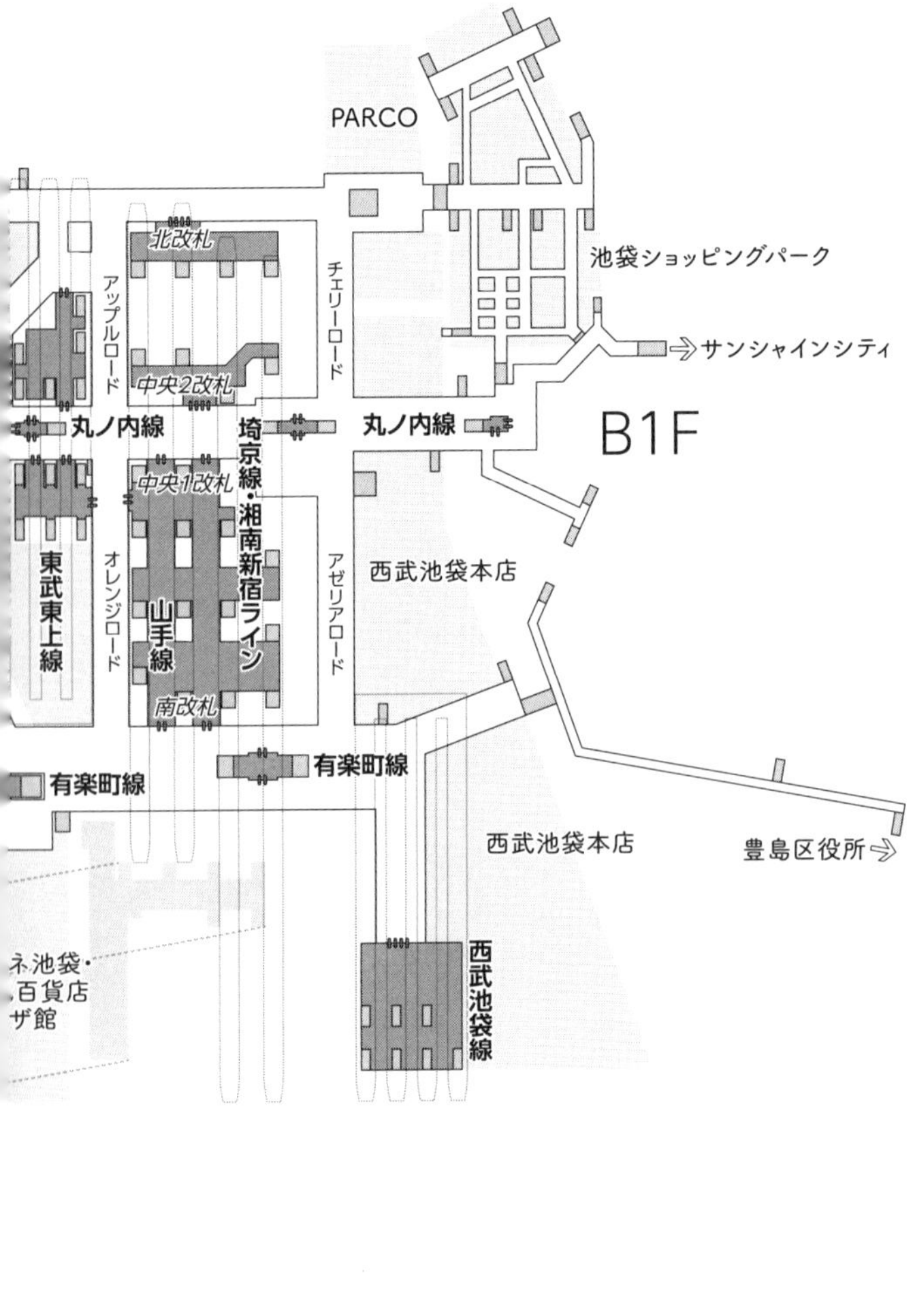
PARCO
池袋ショッピングパーク
サンシャインシティ
B1F
北改札
中央2改札
中央1改札
南改札
アップルロード
チェリーロード
オレンジロード
アゼリアロード
丸ノ内線
丸ノ内線
埼京線・湘南新宿ライン
山手線
東武東上線
西武池袋本店
西武池袋本店
豊島区役所
有楽町線
有楽町線
西武池袋線

池袋駅マップ

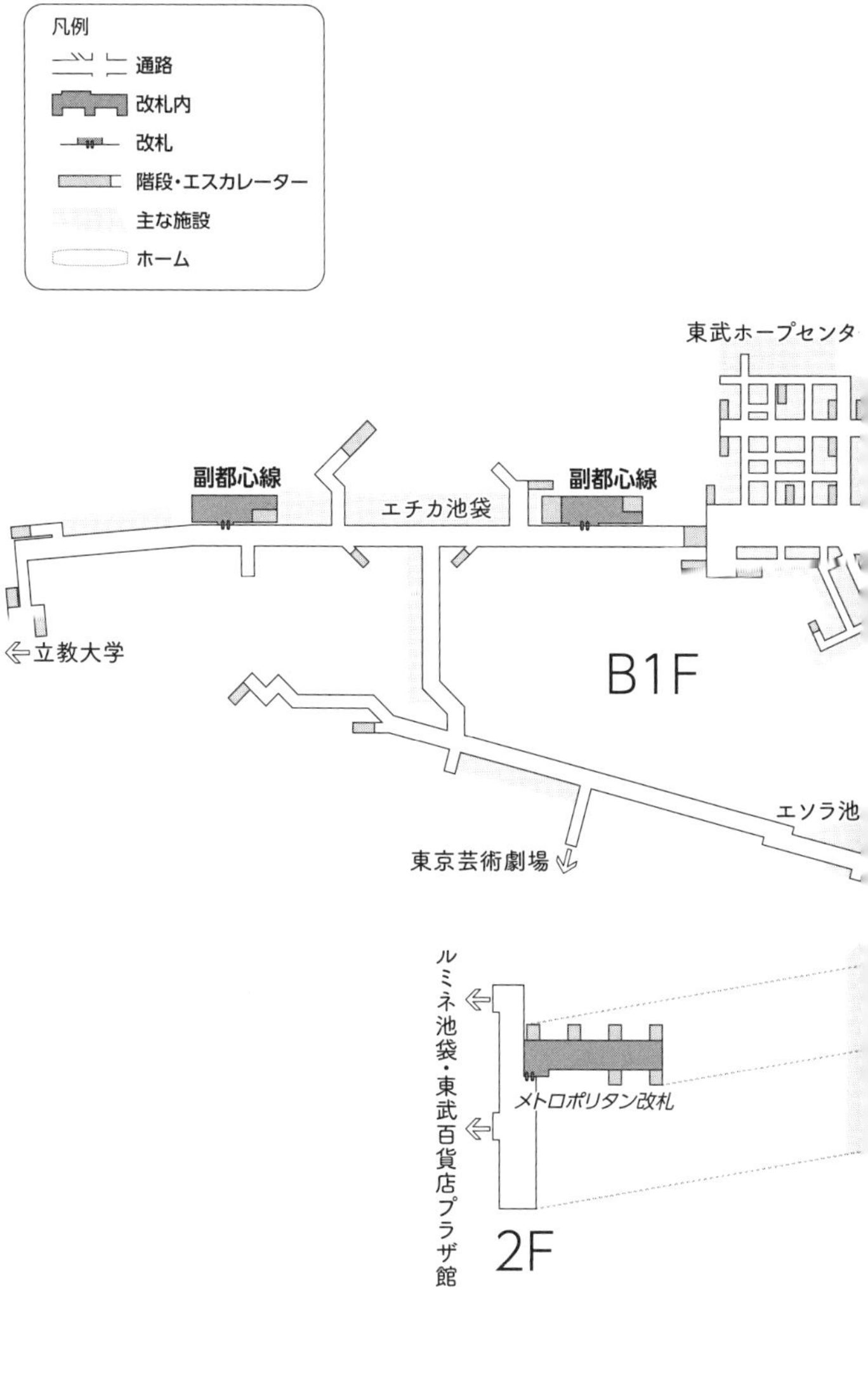

凡例
通路
改札内
改札
階段・エスカレーター
主な施設
ホーム
東武ホープセンタ
副都心線
副都心線
エチカ池袋
立教大学
B1F
エソラ池
東京芸術劇場
ルミネ池袋・東武百貨店プラザ館
メトロポリタン改札
2F

すいし、距離もそれほど遠くない。

これで副都心線が、残る北通路直下に作られればよかったのだが、最後発の宿命で多くの地下構造物を避けなければならなかったため、叶わなかった。丸ノ内線の西側という、微妙な位置に作られた結果、有楽町線や西武線からの移動ルートがわかりにくくなってしまった。

攻略法は、丸ノ内線と副都心線のある中央通路と、有楽町線のある南通路を見分けることだ。この二つの通路は幅が同じくらいの広さで、いずれも中央に地下鉄の改札があるため、見た目の印象がよく似ている。池袋駅ではどの路線を利用する時も、中央通路を選ぶのが無難だが、有楽町線を利用する時だけは南通路と覚えておけば迷いにくい。

むしろ、池袋で最も難解なのは路線の構造だ。池袋駅を発着する有楽町線と副都心線は、和光市駅まで同じ経路をたどる。ただし、小竹向原駅までは走行する線路とホームは分離しており、そこから和光市駅まではまったく同じ線路とホームを使用する。副都心線建設前の「有楽町新線」時代を覚えている人には当たり前のことなのだが、知らない人はここで躓きやすい。

さらに、池袋が始発駅の東武東上線と西武池袋線には、有楽町線や副都心線の列車が途中から乗り入れる。池袋駅から、東上線の和光市駅以遠へ行く人には、有楽町線ホームと副都心線ホーム、東上線ホームの三つの選択肢が生まれる。池袋線の練馬駅以遠に行く人も同様だ。どのホームを選ぶかによって、所要時間だけでなく、料金も変わってくる。あまりに難解なので、迷ったら素直に、ネットの乗換案内サービスに頼るしかない。

反対方面を利用する人も悩ましい。例えば和光市駅から池袋駅へ向かう場合は、有楽町線と副都心線のどちらの列車を選んでも問題ないのだが、池袋駅到着後を考えると、豊島区役所など東口方面へ向かうなら有楽町線、立教大学など西口へ向かうなら副都心線が便利だ。しかしこの選択は、池袋駅のホームの場所を理解していないと、到底できる芸当ではない。

有楽町線と副都心線を乗り換える人も、頭を使わなければならない。両線とも東武東上線と西武池袋線へ一部列車が乗り入れているが、例えば有楽町駅から、東上線の和光市駅以遠の駅へ向かいたいが、池袋線直通の列車に乗ってしまったとしよう。慣れた人なら、副都心線から東上線へ直通する後続列車に乗り換えるには、対面乗換ができる小竹向原駅が最も便利だとわかる。しかし、慣れない人には池袋・要町・千川・小竹向原のどの駅で乗り換えればいいのか、全くわからない。

注意したいのが、有楽町線の東池袋・有楽町方面と、副都心線の雑司が谷・渋谷方面を乗り換える場合だ。両線の池袋駅は離れているため、あえて乗り過ごして、隣の要町駅で乗り換えたほうが歩く距離は短くなる。しかし、これは乗車区間（池袋～要町間）が重複するため、不正乗車になってしまう。面倒でも、池袋駅で乗り換えなければならないのだ。

複雑なのは駅の中より周辺の道路⁉

駅周辺の道路も、駅構内より複雑だ。池袋は平地が多いにもかかわらず、東口五差路交差点、サンシャイン前交差点、池袋六ツ又陸橋交差点、南池袋一丁目交差点、西口五差路交差点など、五差路や六差路といった変則的な交差点が、幹線道路に多く存在する。道路が90度に交わらないから、方向感覚が狂いやすい。

典型的なのがサンシャインシティへの順路で、駅の真東にあるのに、一直線に向かう道がない。西口の立教大学も同様で、途中にある二叉の細い方を選択しなければならない。これが初見の人にはそこそこの難易度となる。

地下通路は他の迷宮駅に比べて範囲が圧倒的に狭く、特に東口は地下街の池袋ショッピングパークがある程度だ。サンシャインシティに行く場合は、明治通りを渡ったところにある35番出口が最寄り出口なのだが、ここから延々と地上の移動を余儀なくされる。雨や雪が嫌なら、有楽町線で隣の東池袋駅へ行き、地下通路を通ったほうが便利だ。

西口は副都心線の駅が開業した副産物として、池袋二又交番付近まで地下通路が延びたが、こちらも迷う要素はない。複雑な地上を歩くより、むしろ池袋では地下に入ってしまったほうが迷わないかもしれない。

現在進行形の渋谷や、これから壮大な規模の再開発が行われる新宿には及ばないものの、池袋でも新たなまちづくりが進行中だ。新しい豊島区庁舎や「ダイヤゲート池袋」(西武グループ本社ビル)、旧豊島区役所庁舎跡の「Hareza池袋」がオープン。池袋西口公園や南池袋公園もリニューアルした。東池袋・南池袋地区では高層ビルやタワーマンションが建設ラッシュになっている。

これらをしのぐ規模となるのが、池袋駅西口地区の再開発だ。これは東武百貨店池袋店を含む5・3ヘクタールを再開発するというもので、北はみずき通り、西は劇場通り、南は東京芸術劇場とメトロポリタンプラザ、東は池袋駅に囲まれた広大なエリアが、一気にリニューアルする。跡地には3棟の高層棟やバスターミナルなどが建設される予定で、隣接する西池袋一丁目地区も再開発予定だ。駅前の超一等地だけに、インパクトは大きい。

合わせて、駅の上空に南北二つのデッキ（自由通路）が作られる予定だ。北デッキは北通路の上空、南デッキはメトロポリタン口の南側に建設される。既にダイヤゲート池袋から南デッキに向かう「びっくりガード上空デッキ」が完成した。西武鉄道も改札口を新設するなど、先行して整備が進める見込みで、これまで東西の移動は地下通路が主だった池袋駅だが、新たな高架デッキの誕生で選択肢が増えることとなりそうだ。

迷宮駅としては難易度の低い池袋駅だが、他の迷宮駅と違ったわかりにくさがある。有名なのが、家電量販店・ビックカメラのテーマソング『ビックカメラの歌』で歌われる、西武・東武の東西逆転だ。「不思議な不思議な池袋、東は西武で西東武」、つまり東口に西武線と西武池袋本店、西口に東武線と東武百貨店がある。たとえ理屈はわかっていても、例えば「西武東口」という表示を見ると、東西どちらなのか戸惑う人もいるだろう。

構造がシンプルゆえの問題もある。一本の自由通路から利用できる路線数が多いということは、どの通路を使っても目的のホームにたどり着けるということ。つまり「右へ行っても左へ行ってもＪＲ線」といった案内表示が多いのだ。

今後、西口の再開発が進むにつれ、駅全体の案内表示が見直される時が来るだろう。その時には路線名だけでなく、改札の名前と、そこまでの距離を表示して欲しい。駅の中では、選択肢が多いことは長所とは限らない。迷わないために工夫する余地は、まだまだ残されている。

第3章

全国の巨大「迷宮駅」

札幌駅

ジャミロクワイの名曲を生んだ魅惑的な地下街

街の発展とともに駅の規模も大きくなった

札幌駅の歴史は古く、1872年（明治5年）10月に開業した新橋〜横浜間（品川〜横浜間は6月に仮開業）、1874年（明治7年）に開通した大阪〜神戸間（2年後に京都〜大阪間を延伸）、1880年（明治13年）9月に開業した釜石鉄道（岩手県釜石市にあった鉱山鉄道。現存せず）に次ぐ、日本で第四の路線となる官営幌内《ほろない》鉄道（手宮〜札幌間）の駅として、同年11月に開業した。2年後の1882年（明治15年）1月には本駅舎が完成し、路線も6月に江別、12月に幌内まで延伸され、炭鉱のある三笠（幌内）と港のある小樽（手宮）が結ばれた。

広大な敷地を確保するため、既存の市街地を避け、郊外の原野や雑木林、湿地などに建設されることが多かったターミナル駅だが、札幌は環境が大きく異なっていた。江戸時代は幕府や松前藩などが探索調査を行う場所にすぎず、1869年（明治2年）に明治政府によって札幌本府の建設が始まるまで、街らしい街など存在しなかった。

札幌駅からつながっている地下通路の範囲

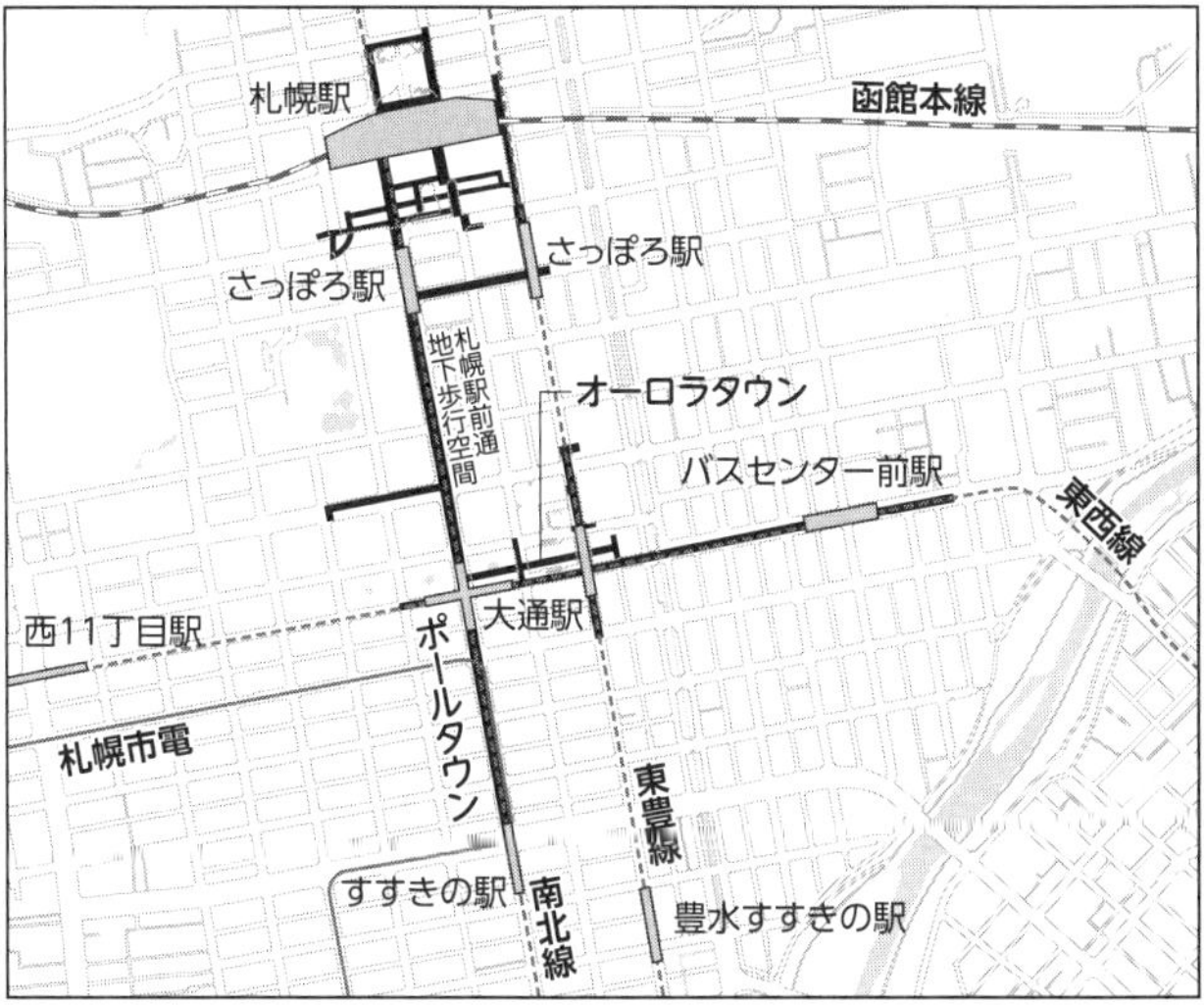

フリーハンドで条坊制（碁盤目状）の市街区域が描かれた札幌は、大通を中心に北側が官庁街、南側が商業地として設定された。1871年（明治4年）に薄《すすき》野《の》遊郭が作られ、1875年（明治8年）には屯田兵が入植。翌1876年（明治9年）には札幌学校が札幌農学校（現在の北海道大学）となり、官営の麦酒醸造所（サッポロビールの前身）も設置される。それでも人口は、1871年（明治4年）時点で624人、1882年（明治15年）でも9001人にすぎず、空いたスペースはいくらでもあった。北端付近とはいえ、札幌駅が碁盤目の中に作られたのは、こうした経緯がある。

街の発展とともに駅舎は増築され、規模が大きくなっていった。火災に遭った二代目駅舎に代わり、1908年（明治41年）には三代目駅舎が完成。1952年（昭和27年）に南側へ移転した四代目駅舎が誕生し、1988年（昭和63年）には高架化とともに五代目駅舎へと切り替わって、現在に至っている。

次第に札幌駅は、街全体に影響を与えていく。もともと札幌市街は、南北の中心が大通、東西の中心が創成川となるよう計画された。実際に大通は条、創成川は丁目と、住所表示の原点となっているのだが、市街地の中心は創成川からやや西側にずれて、西3丁目と西4丁目の間にある札幌駅前通となりつつある。

同様に条坊制が採用されている京都でも、平安京の時代には朱雀大路（現在の千本通り付近）だったメインストリートが、現在では京都駅前を通る烏丸《からすま》通りへと移っている。いずれも直下を地下鉄が通っているという共通点もあり、鉄道が街に与える影響力の強さを感じさせる。

地下鉄東豊線へは売り場の間の通路を突っ切る

JR札幌駅は5面10線の島式ホームを持つ高架駅で、1階部分の東西二カ所に改札口があるオーソドックスなつくりだ。改札口の外にはそれぞれ自由通路の東コンコース、西コンコースがある。ホームの発着は、主に1~3番線が函館本線の上り（小樽方面）、4~6番線が千歳線、7・8番線が函館本線の下り（旭川方面）、9・10番線が札沼線（学園都市線）となっている。構造面も運用面も、特に難解な部分はない。

地下鉄は平仮名表記の「さっぽろ駅」で、西コンコースとその延長線上にある札幌駅前通の下に南北線が、駅東側の西2丁目通の下に東豊線が走っている。いずれもホームはJR札幌駅より南側に位置しているが、この配置もわかりやすい。

問題は網の目のように張りめぐらされている地下通路だ。札幌駅周辺には四つの地下商業施設がある。JR札幌駅の直下にあるのが「パセオ」で、その南側のJRタワー東棟（高層棟）と中央棟の下には「札幌ステラプレイス」がある。さらにその南は、東側が「エスタ」、西側が「アピア」となっていて、この四つの商業ゾーンはJRタワースクエアと総称されている。アピアは地下街だが、他は上階の建物と一体となった商業施設だ。

この地下商業施設の中が迷いやすい。南北方面の移動は、1階の東西コンコース下に「イーストアベニュー」「ウエストアベニュー」という広い自由通路があるから問題ないのだが、東西移動が実に面倒なのだ。デパ地下のような売り場の間を通り抜ける細い通路を通り抜けなければならず、特にパセオとエスタの構造は複雑だ。大丸札幌店という、本物のデパ地下も隣接しているから、なおさらややこしい。

ウエストアベニューを南進すればたどり着く南北線はともかく、東豊線に向かうにはこの複雑な地下商業施設を通り抜ける必要がある。しかも四つの商業ゾーンのうち、地下で東豊線とつながっているのが、よりによって難物のパセオとエスタなのだ。特にエスタと東豊線の接続口は狭く、案内表示もシンプルすぎて目立たない。

迂回するなら、地上が一番わかりやすい。ＪＲ札幌駅の改札は1階だから、そのまま屋外を進むだけでいい。ただし札幌には、冬に雪という大敵が来襲する。積雪期にＪＲと東豊線を乗り換える場合は、パセオとエスタの地下から通じる接続口をなんとか見つけ出すか、重装備で屋外を歩くかという選択を迫られる。

札幌駅からすすきのまで冬でも快適に歩ける

駅周辺の地下エリアはまさに迷宮だが、札幌には楽しく探索できる地下空間もある。ウエストアベニューを南進し、南北線の改札の脇を通り過ぎると、一面のガラス扉が現れ、その先に延びる自由通路は近未来的なデザインで統一されている。隣接する建物の地下フロアが地下通路に接していて、おしゃれなカフェやショップがところどころに出現し、休憩できる広場もあって楽しめる。大通の下で二手に分かれ、直進すると、すすきの駅まで「ポールタウン」という地下街が連なっている。

地下通路、それもひたすら一直線に進むルートなのに、周囲が変化に富んでいて実に面白い。札幌駅からすすきのまで南北約1・5㎞、地下鉄で2駅分の長さだが、季節や天候に左右されず快適に歩けるため、初めて札幌へ来た人にオススメしたい散歩ルートだ。

札幌駅前通は地上を歩くのも楽しく、札幌駅から南下していくと、北3条通で右手に道庁赤れんが庁舎を、北1条通で左手に時計台をチラ見できる。大通ではさっぽろテレビ塔がドーンと出現し、南1条の札幌三越前で札幌市電（路面電車）が合流。狸小路ではアーケードの商店街が左右に広がるなど、寄り道したい場所がいっぱいだ。

地下通路は東西方向にも延びていて、大通の分岐を左に曲がると、テレビ塔方面に地下街の「オーロラタウン」が広がる。さらに進むとシンプルな通路が地下鉄東西線のバスセンター前駅へと接続していて、東6丁目まで達しており、東西方面にもトータルで約1・3㎞の広がりがある。

イギリスのミュージシャン、ジャミロクワイのメンバーであるジェイ・ケイは、札幌の地下街から着想を得て、1996年9月にリリースされた名曲『Virtual Insanity』を作ったと話している。ライブ中の発言だけにリップサービスではないか、札幌ではなく東京か仙台と記憶違いをしているのではないか、曲は『Virtual Insanity』ではなく『Didjital Vibrations』ではないかなど様々な説があるが、ジェイ・ケイ本人が発言したことは事実だ。ジャミロクワイはリリース前年の1995年2月に札幌公演を行っており、信憑性も十分にある。

もっともこの曲は、世界が「仮想の狂気」で作られているというシニカルな内容だ。だが札幌の地下街をくまなく歩いてみると、確かに他の都市とはちょっと違った迫力がある。ゾーンによってガラリと変わるデザインは意外性があるし、冷暖房の断熱のために設置されたガラス扉は近未来的な雰囲気作りに一役買っている。なにより冬期は、純白の屋外とのギャップが著しい。世界的アーティストにインスピレーションを与えたと言われても不思議ではないほど、札幌の地下空間は魅惑的で面白い。

頑なＪＲ北海道の主張で新幹線駅は「大東案」に

新しい街ならではの計画的な都市設計が進められた札幌駅周辺だが、残念ながら将来的には、現在の洗練されたシンプルな構造が台無しになりそうだ。原因は２０３０年度に予定されている、北海道新幹線の延伸だ。

１９８８年の高架化の際に、ＪＲ札幌駅は北側に移設された。空いたスペースは、将来の新幹線延伸のための用地として確保されたものと思われたが、１９９６年から再開発が始まり、２００３年にはＪＲタワーが完成する。

なぜこの場所に、こんな大型施設を作ってしまったのかはわからない。北海道新幹線の建設はもっとずっと先だろうとＪＲ北海道が考えていた、札幌市の再開発計画が杜撰だったなど諸説あるが、とにかく新幹線ホーム用の用地はなくなってしまった。仕方なく代替案として、既存の在来線ホームのうち、１・２番線を新幹線に転用する計画が立てられた。

新幹線の終着駅が１面２線の島式ホームというのはなんとも貧弱だが、現在の北海道新幹線の終着駅である新函館北斗駅も２面２線の対向式ホームだ。延伸で東京駅からの直通列車がそれほど増えるとは思えない。車庫を上手く活用すれば、列車を捌くことは十分に可能だ。

在来線も、既に「北斗星」「トワイライトエクスプレス」などの寝台特急がなくなり、「宗谷」や「オホーツク」などの昼行特急列車も減便された。さらに新幹線開通後は、函館方面の特急「北斗」の運行が減るかなくなるだろう。1面2線を失っても、残る4面8線のホームがあれば容量は十分だと思われた。

計画は2012年に正式に認可されたにもかかわらず、ここからダッチロールが始まる。2015年にJR北海道は、在来線の発着に影響が出るとして、新たに現駅の西側、東側、地下を加えた四案を比較検討すると発表した。新幹線の建設主体である鉄道建設・運輸施設整備支援機構（以下「機構」）と札幌市にとっては寝耳に水の話だったようで、大反発する。従来案以外の三案は、新幹線と在来線の乗換はもちろん、地下鉄やバスなど他の交通機関へのアクセスなど、利便性が大きく損なわれるからだ。

新幹線のホームは、在来線のホームと平行して建設されるのが一般的で、この定石から外れるのは、新大阪駅や新横浜駅、新青森駅のように、新幹線と在来線がクロスする構造の駅だ。唯一の例外は地下にホームのある上野駅だが、これはホームの問題というより、路線を通す余地が他になかったため、苦肉の策として作られたものだ。

差し戻しを受けたJRは再度、従来案の検証を始める。しかし翌2016年の4月、JRは従来案による在来線への影響を解消することは不可能であるとの報告を再度行う。実質的なゼロ回答だった。機構と市は、引き込み線などを増設すれば、従来案でも在来線の運行本数を十分に賄えるはずだという指摘を行った。

機構の意見は、至極もっともなものだった。首都圏や関西圏、中京圏の鉄道各社が行っているごく一般的なオペレーションであれば、4面8線のホームで十分に捌けるはずの容量なのだ。上野東京ラインの東京駅や埼京線・湘南新宿ラインの新宿駅、東海道本線（京都線・神戸線）の大阪駅や関西本線（大和路線）と阪和線が入り乱れる天王寺駅のように、直通列車を増やして札幌駅での折り返しを減らせばいい。名古屋鉄道名古屋駅などはたった3面2線のホームで、札幌駅を上回る本数の列車を捌いている。

それでもJRは、頑なに従来案を否定する。駅の東端から創成川にかけて新たなホームを建設する東側案を正式に提示した。2017年には地下案も検討対象に加えることを表明し、2018年には東側案よりさらに東側にホームを置く「大東案」を提案した。従来案より費用がかかるという試算が出たものの、差額はJRが負担するとまで言い出した。従来機構や市も押し切られ、かくして大東案への計画変更が正式に決定してしまった。

JR北海道が、なぜそこまで必死だったのかはわからない。西側案、東側案、地下案、さらに決定した大東案などの新案を乱発したのは、より良い形を求めたというより、どうしても従来案を否定したかっただけのように映る。しかし従来案が、JRにとってそこまで都合が悪かった理由が判然としない。

考えられるのは、在来線を4面8線で捌ききる自信がないというものだ。前述したように、他の鉄道会社であれば十分可能なオペレーション能力を、既にJR北海道は失っているという考え方で、残念ながら一定の説得力はある。経営危機に端を発する合理化や人員削減で、脱線火災や緊急停車などの重大インシデントが頻発しており、他社にはできてもJR北海道にはできないといわれれば、納得してしまうような体たらくなのは確かだ。

もう一つは、子会社が運営している札幌駅周辺の商業施設の売り上げが、減少してしまうことを恐れたというものだ。従来案では、パセオの店舗スペースの一部が、新幹線のコンコースに転用される見込みだった。建設費の差額負担をしてまで死守するほどのものか疑問ではあるものの、こちらも一定の説得力はある。しかし、肝心のJR北海道が理由を開示しないのだから、確実なことがわからない。

とにかく新幹線駅は、在来線ホームから約350m東側に設置されることが決まってしまった。2020年6月に移設する前の、渋谷駅山手線ホームと埼京線ホームのような奇妙な位置関係となるわけで、苦心の末にホームを並列化したJR東日本と、好きこのんで直列化するJR北海道は、まさに好対照といえる。上部に作られる連絡通路には動く歩道などが設置されず、在来線のホームを経由して既存の改札やコンコースへアクセスする仕組みとなる。これも新宿駅が苦労の末、ようやく脱却した構造を、わざわざ生み出そうとしている。

迷宮駅というのは本来、複雑な構造を誰かが意図的に作ったわけではなく、様々な規制や制約の結果として、やむを得ず生み出されてしまうものだ。あえて迷宮化への道を突き進む札幌駅は、日本で最も不愉快な迷宮駅となるかもしれない。

横浜駅

地下街にバスターミナル、駅の東西に迷宮が広がる

通過構造にするために駅を二度移転

日本で最初に開業した鉄道駅は、1872年（明治5年）の仮開通時に誕生した、品川駅と横浜駅だ。だが、この初代横浜駅は現在の横浜駅とはまったく別の場所にあった。

1858年（安政5年）に締結された安政五カ国条約（日米修好通商条約など）によって、箱館・神奈川・新潟・兵庫・長崎は貿易を前提とした「開港五港」となった。神奈川湊は鎌倉時代から続く海上交通の拠点で、湊町は江戸時代に東海道の神奈川宿となり、発展していた。

江戸幕府は開港にあたって、東海道の要衝である神奈川ではなく、入江の対岸にあたる横浜村に開港場を新設することにした。貿易を開始した横浜港には、幕府が商人に出店を奨励したことで、江戸の廻船問屋などが集積しはじめる。明治時代に入ると、東京に最も近い貿易港である横浜港は、日本の主要港として世界に名が知られる存在へと発展していく。

明治末期～大正初期の初代横浜駅。

（所蔵：横浜開港資料館）

当時の港の範囲は、現在のみなとみらい線馬車道駅付近から山下公園にかけての一帯で、大岡川と首都高速横羽線、中村川に囲まれたエリアが外国人居留地に指定され、「関内」と呼ばれて賑わっていた。初代横浜駅は大岡川を挟んだ対面に建設され、ここから関東一円や東北・甲信越から運ばれた生糸が、港へと運び込まれていった。

貨物輸送が最大の使命だった初代横浜駅は、延伸など全く考慮されていなかったため、頭端式ホームで建設された。しかし大阪～神戸間の鉄道が開通し、さらに東西の鉄道を東海道でつなげる計画が進められると、この構造が問題となっていく。

1887年（明治20年）に横浜～国府津間

が開通し、1889年（明治22年）には東海道本線が全通するが、横浜駅は通過できない構造のままだった。東京方面から大阪方面への直行列車を運行する場合、横浜駅で方向転換（スイッチバック）する必要があるが、それには牽引する蒸気機関車を逆方向に付け替えなければならない。手間と時間がかかるこの作業が、東西輸送の大きな障害となった。

1894年（明治27年）に日清戦争が勃発すると、軍の要請で横浜駅を通過する短絡直通線が作られ、軍用貨物列車はそちらを通行するようになる。戦争終結後も、長距離の優等列車は横浜駅に停車せず、所要時間を40分も短縮できる短絡線を直行するようになった。この「横浜飛ばし」で不便となった横浜市民は反発した。

妥協策として、東京寄りの神奈川駅（当時）と大阪寄りの程ヶ谷駅（現在の保土ケ谷駅）に短絡線経由の直行列車を停車させ、横浜駅へは接続列車を走らせることとなった。だが乗換が煩わしいということで、1901年（明治34年）には短絡線上に平沼駅を設置し、こちらに直行列車を停車させたが、再び市街地とのアクセスが悪くなるという、一長一短の状況が続いた。

問題を抜本的に解決するため、東海道本線のルートを一部変更し、大阪方面へも初代横浜駅方面へも通過可能な場所に駅を設置することになった。こうして1915年（大正4

年）に誕生したのが二代目横浜駅で、東急東横線の旧高島町駅付近に設置された。同時に初代横浜駅は桜木町駅に改称されている。

だが、ルネサンス様式のモダンなレンガ造りだった二代目横浜駅は、わずか8年で姿を消す。1923年（大正12年）9月1日に関東大震災が発生し、駅舎が倒壊。同時に日本最古の駅舎だった初代横浜駅こと桜木町駅も焼失している。

しばらく仮駅舎のまま営業していたが、横浜駅は再び場所を移すこととなった。東海道本線をより直線化するため、旧平沼駅経由の短絡線を復活させ、横浜駅はより東京側である現在の位置に1928年（昭和3年）10月に移転した。東京寄りの隣駅だった神奈川駅は、距離が近すぎたため廃駅となる。現在、JR線に東神奈川駅はあっても、神奈川駅がないのはこうした経緯がある。

前後して、私鉄線も続々と乗り入れる。既に神奈川駅まで開通していた東京横浜電鉄（現在の東急東横線）は、5月に高島町まで延伸。三代目横浜駅の開業に合わせて、駅を併設した。1929年（昭和4年）には京浜電気鉄道（現在の京急本線）が仮開業（翌年に本開業）し、1933年（昭和8年）には神中鉄道（現在の相模鉄道本線）が開通した。

路面電車（市電）の停車場があった東口に立派な駅舎が作られたものの、駅前は関内に比べて栄えているとはいえず、関東大震災で大炎上したアメリカの石油会社スタンダード・オイルの油槽所があった西口は、さらに寂れたところだった。神中鉄道が相模川の砂利を運搬する路線として建設されたという経緯もあり、砂利置き場も広がっていた。戦後は米軍に接収され、石炭や資材が置かれていたが、神中鉄道を合併した相模鉄道がスタンダード・オイルの所有する土地2万4688㎡を買収したことで、西口の様相は一変する。

1956年（昭和31年）にアーケード商店街「横浜駅名品街」が誕生。1959年（昭和34年）には横浜髙島屋がオープンし、1962年（昭和37年）には横浜駅西口駅舎として横浜ステーションビルが竣工した。こうして横浜駅の玄関口は、西口へと大きくシフトしていく。対する東口にも1968年（昭和43年）にスカイビル（初代）、1980年（昭和55年）にポルタ地下街とルミネが誕生。1981年（昭和56年）に東西自由通路が完成して、現在の横浜駅の構造が完成していった。

構造は理想的だが運用が複雑なJR線

JR横浜駅は4面8線の島式ホームが平行に並ぶ地上駅で、地下1階には駅の東西を結ぶ三本の自由通路があり、北から、きた通路、中央通路、みなみ通路と名付けられている。

きた通路南側に北改札、中央通路の両側に中央北改札と中央南改札、みなみ通路北側に南改札があり、中央南改札と南改札の内部はつながっている。

この構造は池袋駅と極めて類似している。ホームの数、自由通路の数、改札内のつながっているエリアまで同じだ。自由通路が広々としているため、横浜駅のほうが移動はスムーズだが、違いといえばそれくらい。構造の理解が容易な、理想的な碁盤目状といえる。

注意が必要なのは運用面が複雑なところだ。まず京浜東北線・根岸線が発着する3・4番線には、東神奈川駅で分岐する横浜線も乗り入れている。3番線に発着する下り列車は、横浜線から直通する列車のみ、隣の桜木町駅が終点となる。例えば平日11時〜15時台は、3番線に発着する列車の15本中6本が桜木町止まりというダイヤだ。4番線の上り線は、同時間帯で15本中9本が京浜東北線（品川・大宮方面）、6本が横浜線（橋本・八王子方面）となっている。

5・6番線は東海道線の下り、7・8番線は上り列車が発着する。9番線は横須賀線の下り、10番線は上り列車だったのだが、2001年に湘南新宿ライン、2015年に上野東京ラインが運行開始したことで、事情が大きく変わってしまった。

横浜駅からは両線を経由して、東北本線（宇都宮線）と高崎線に直通するようになった。

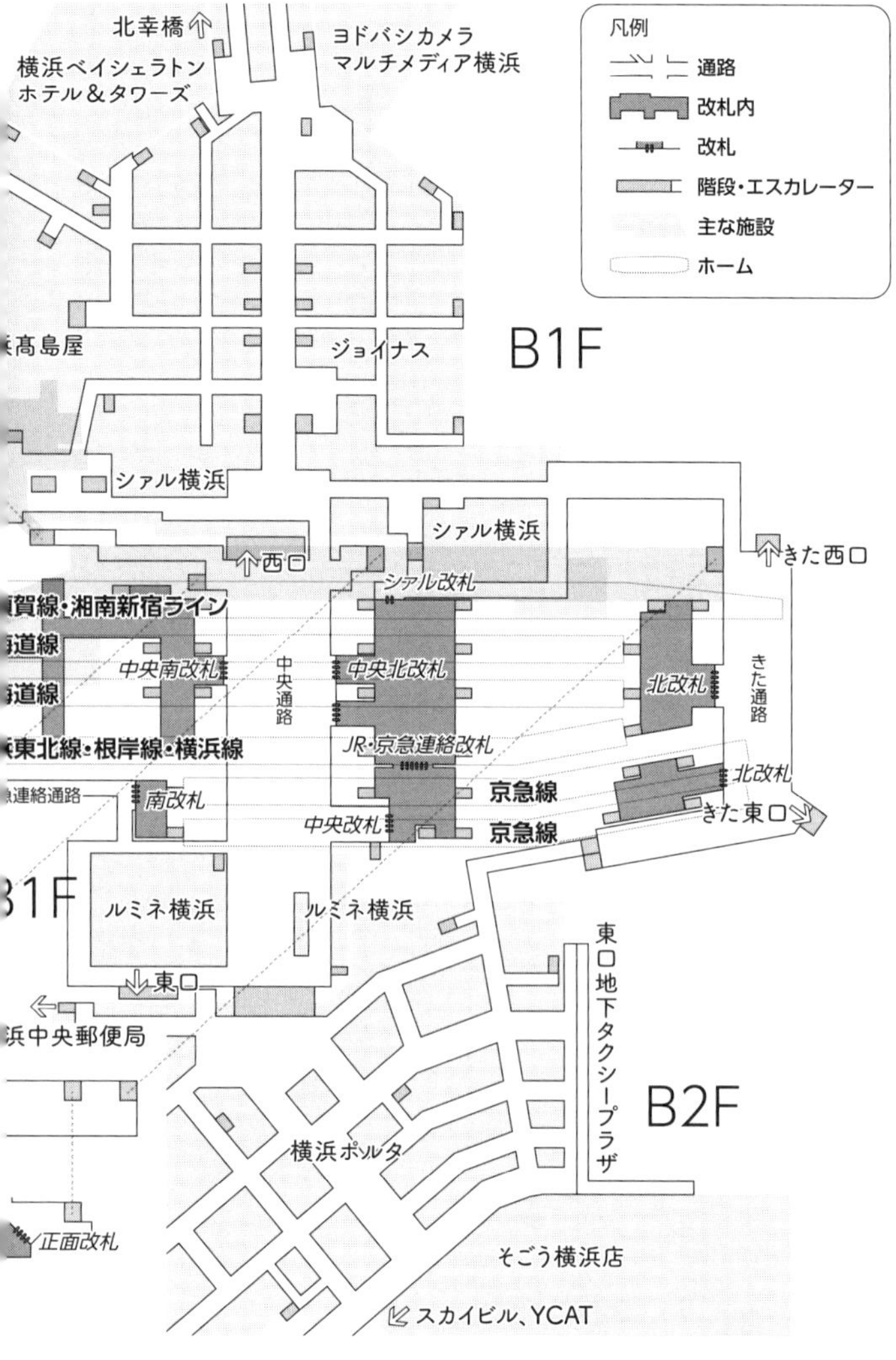
北幸橋
横浜ベイシェラトン
ホテル＆タワーズ
ヨドバシカメラ
マルチメディア横浜
凡例
通路
改札内
改札
階段・エスカレーター
主な施設
ホーム
B1F
高島屋
ジョイナス
シァル横浜
シァル横浜
西口
きた西口
シァル改札
賀線・湘南新宿ライン
道線
中央南改札
中央
通路
中央北改札
北改札
きた
通路
道線
東北線・根岸線・横浜線
JR・京急連絡改札
連絡通路
南改札
京急線
北改札
きた東口
中央改札
京急線
B1F
ルミネ横浜
ルミネ横浜
東口
東口地下タクシープラザ
浜中央郵便局
B2F
横浜ポルタ
正面改札
そごう横浜店
スカイビル、YCAT

横浜駅マップ

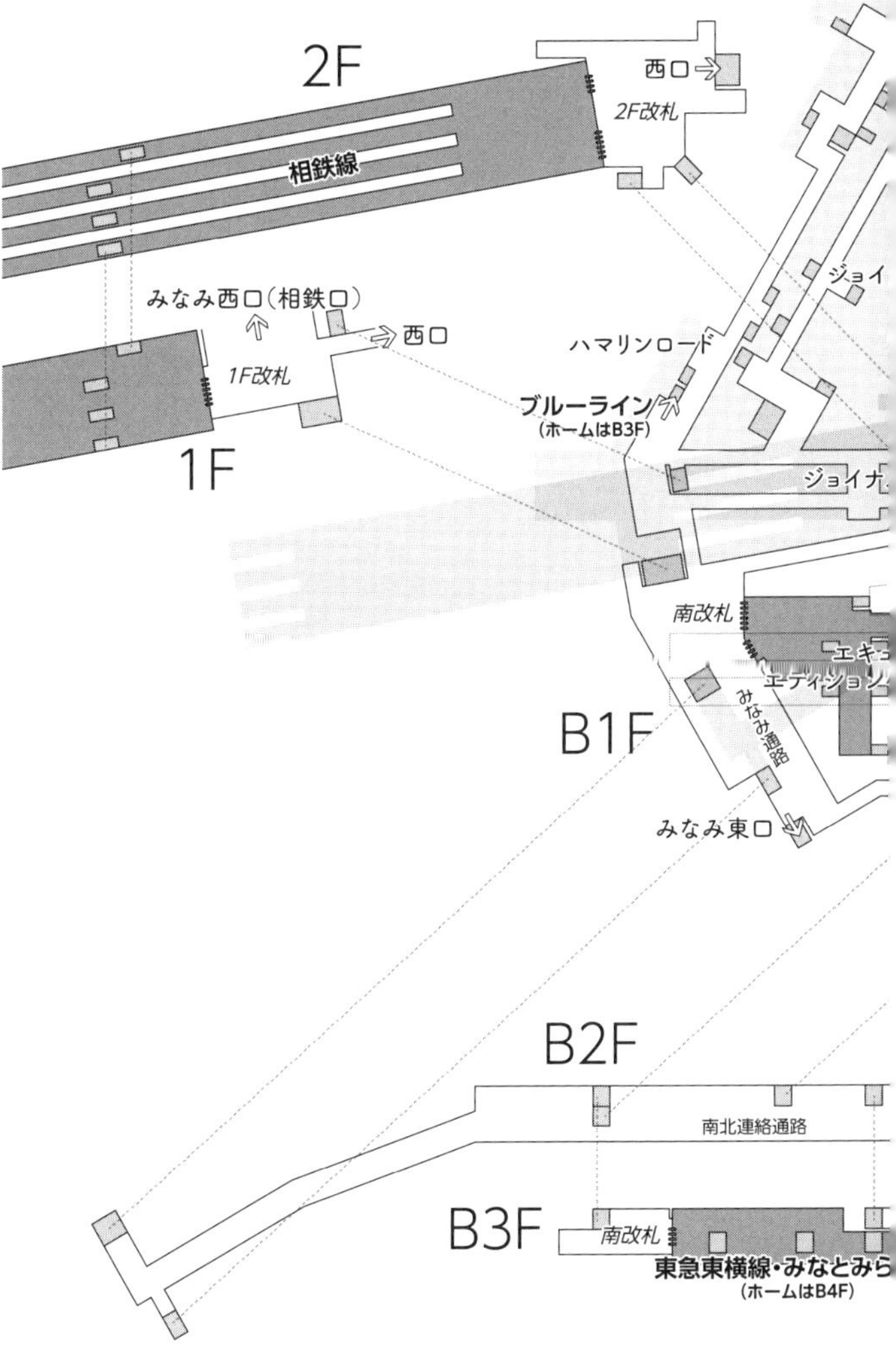
2F
西口
2F改札
相鉄線
ジョイ
みなみ西口（相鉄口）
西口
ハマリンロード
1F改札
ブルーライン
（ホームはB3F）
1F
ジョイナ
南改札
エキ
エディション
B1F
みなみ通路
みなみ東口
B2F
南北連絡通路
B3F
南改札
東急東横線・みなとみら
（ホームはB4F）

東京方面と新宿方面に分岐したあと、赤羽〜大宮間でいったん合流し、再び東北本線と高崎線に分岐する。ホームは7・8番線が東京方面、10番線が新宿方面と分かれているが、大宮駅から先の方面については考慮されていない。

下り線はさらに複雑で、横浜駅からどの方面に行くかは関係なく、横浜駅までどのルートで来た列車かによってホームが分かれている。そのため5・6番線はすべて東海道線に直通するが、9番線には東海道線と横須賀線へ向かう列車が混在する。これはもう、路線の設計の問題だから、解消しようがない。上りの大宮駅以北へ行く人は5・6番線と10番線を、下りの東海道線方面は5・6番線と9番線を注意深く確認したい。

JRの東側にあるのが京急横浜駅で、2面2線の単式ホームとなっている。もともと1面2線の島式ホームだったが、ホームの混雑が激しかったため、東側に新たに単式ホームを設置。島式ホームの片側を封鎖することで、単式ホームが二つ並ぶ形に変更した。

JR線とは並列にホームが配置されており、ホームの番線は京急線からJR線にかけて通し番号となっている。京急の下り線（上大岡方面）が1番線、上り線（品川方面）が2番線、JR線が3〜10番線という形だ。一部の連絡通路には、JRとの乗換改札が設置されている。もちろん自由通路を使って改札外で乗り換えることも可能だが、京急線のホームが北側に寄っているため、みなみ通路で乗り換えると歩く距離が長くなる。

駅西口の南側には、相鉄横浜駅がある。4面3線の頭端式ホームが2階に設置されており、櫛の背の部分に2階の改札が、ホームから下りたフロアに1階の改札がある。乗降客が特定の箇所に集中しやすい頭端式ホームの欠点を解消するため、2階改札からは中央通路、1階改札からはみなみ通路へアクセスしやすい構造になっており、乗換客を上手く分散させている。さらに2階改札からみなみ通路、1階改札から中央通路への通路も別途確保されているため、どちらの改札から出ても、遠回りをする心配はない。ただし、京急線とは対照的に駅全体が南側に寄っているため、きた通路からの乗換は少々不便だ。

また、相鉄線の2階改札からJR線や京急線に乗り換えるときは、若干の注意が必要だ。相鉄横浜駅は「ジョイナス」という商業施設の中にあり、横浜高島屋や専門店街で構成されている。そのため2階改札をまっすぐ進むと、いきなり専門店街に出くわしてしまう。改札の右手奥にある、中央通路へ向かうエスカレーターを見つけることがポイントだ。

上がって下がってを繰り返す地下駅の連絡通路

地上駅はそれほど難敵ではない横浜駅だが、地下はなかなか厄介だ。以前はJR線と平行する位置にあった東急横浜駅は、2004年に地下に移転し、新たに建設された横浜高速鉄道みなとみらい線（MM線）との直通運転が始まった。それまで東急東横線の終着駅は桜木町駅だったが、横浜～桜木町間は極端に乗客が少ない赤字区間だったため、廃止された。

一方で、横浜市はもともと地下鉄3号線として、横浜駅から関内駅を経由して、本牧方面へ向かう路線を計画していた。関内駅は1号線（現在のブルーライン）と乗換可能となるよう設計され、実際に現在も対面乗換が可能な1面2線の二層構造が残っている。

この計画は港湾業界などの反対を受けて延期となったが、みなとみらい地区の再開発が進んだため、第三セクターの横浜高速鉄道によって、新路線が建設されることとなった。当初は東神奈川駅から横浜線が乗り入れ、横浜駅とみなとみらい地区を経由し、元町から本牧の海沿いをぐるりと回って根岸駅へ至る路線が計画されていたが、折しも国鉄の分割民営化議論の真っ只中だったため、交渉が難航。乗り入れ先が東横線に変更される。

こうして完成した東横線・MM線横浜駅は、地下3階に改札があり、そこからさらに下った地下5階にホームがある。渋谷といい、横浜といい、近年の東急の地下駅移転はとにかく階層が深い。改札からホームへはエスカレーターで直結しているものの、地表からホームへ向かうには計四本のエスカレーターを乗り継ぐ必要がある。乗換に時間がかかることを覚悟しておきたい。

もう一つの地下駅が地下鉄ブルーラインの横浜駅だ。みなみ通路の西端という飛地のような場所にあるのは、後発駅のため致し方ないところだが、やはり乗換は不便だ。まだマシなのがＪＲ線との乗換で、南改札からみなみ通路を西進すれば、たどり着くことができる。京急線も南改札を出ると、新設された自由通路がみなみ通路に達しているため、距離は遠いがルートはわかりやすい。相鉄線は、地下鉄駅のほぼ真上に駅があるのだが、1階と2階のいずれの改札からのルートも、ＪＲ線の南改札方面へいったん逆戻りしなければならず、損をしたような気持ちになる。

難敵は、東横線・ＭＭ線横浜駅からのルートだ。改札のある地下3階からワンフロア上がった地下2階に、南北連絡通路という自由通路がある。地下1階のきた通路と中央通路、みなみ通路が、いずれも東西方向に設置されているのに対し、南北連絡通路は文字通り、南北方向の通路だ。これでまず駅の南端に移動し、ワンフロア上がるとみなみ通路に出る。

整理すると、まず地下5階の東横線・ＭＭ線横浜駅ホームから地下3階の改札へ向かい、さらに地下2階に上がって南北連絡通路を延々と歩き、再びワンフロア上がってみなみ通路を西へ向かう。数段の階段を下りて、さらに直進してからワンフロア下がると、ようやく地下2階の改札口に到着する。ホームはその下の地下3階だ。

つまり、ホームが地下5階にある東横線・MM線と、地下3階の地下鉄線を乗り換えるためには、フロアを3回上がって地下1階へ行き、再び2・5回下がる。一気に上がって下がるのならまだいいのだが、すべてブツ切りだ。これだけ理不尽な上下移動は、他の迷宮駅でも類を見ない。横浜駅の迷宮性を象徴する場所といえるだろう。

地下街やバスターミナルも対照的な駅の東西

駅以外の地下空間も、なかなかの難物だ。東口には地下街「横浜ポルタ」が広がり、そごう横浜店が入居する横浜新都市ビルと、マルイシティ横浜のあるスカイビルに直結している。地下街そのものの構造も複雑なのだが、厄介なのは横浜新都市ビルには横浜駅東口バスターミナル、スカイビルには横浜シティ・エア・ターミナル（YCAT）というバスターミナルが、それぞれ1階に配置されていることだ。

このバスターミナルの構造が、とにかく難解なのだ。路線バスのターミナルとYCATの乗り場が一体となって、整然と並んでいるように見えるのだが、構造は別々だ。路線バスの乗車バースはA~Cの三つの島に分かれているが、そこへ向かう道筋が見つけづらいうえ、階段の位置と向きが微妙に異なる。YCATの乗車バースは、そもそも建物の構造が別なので、スカイビルを経由しないと入ることができない。

バス停に行きたくても行きにくい東口に対し、バス停に行きたくないのに行ってしまうのが西口だ。地下街はかつて「ダイヤモンド地下街」という名称だったが、現在は「ジョイナス」の一部という扱いになっている。中央通路から直結する地下通路が完成し、「馬の背」が解消されたことで、アクセスが容易になった。

問題はこのジョイナス地下街から、地上へと上がる階段だ。中央通路からまっすぐ進むと、左右にいくつか階段が見えてくる。外に出ようと、焦ってこの階段を上がると、その先が行き止まりなのだ。バス停の島になっていて、横断歩道で渡ることもできない。新宿駅の西口と同じような構造になっている。

ジョイナスの地下は、広い割にはシンプルな構造でわかりやすい。横浜髙島屋はもちろん、横浜ベイシェラトン ホテル&タワーズやヨドバシカメラ マルチメディア横浜、横浜モアーズなど、近隣の主要施設にも直結している。

「日本のサグラダ・ファミリア」がついに完成⁉

横浜駅周辺には、今後の整備計画がいくつかある。一つは横浜市による都市計画「エキサイトよこはま22」に記載のある、線路上空デッキだ。中央通路とみなみ通路の間の線路上空に、駅の東西を横断するデッキを作るというもので、相鉄横浜駅からルミネの南端を経て、スカイビルまで直結する。横浜中央郵便局周辺の「ステーションオアシス地区」も開発が予定されている。

ただ、駅の移設や地下自由通路の設置が完了し、中央通路からジョイナス地下街への「馬の背」も2019年に解消された。2020年には「NEWoMan横浜」や「シァル横浜」などが入居する駅ビル「JR横浜タワー」が西口一帯に完成。屋上広場や回遊デッキも設置され、駅北側の鶴屋町方面のデッキ「はまレールウォーク」も新設された。「日本のサグラダ・ファミリア」と呼ばれるほど、絶えず工事が行われてきた横浜駅だが、基本的な構造は今後しばらく変わりそうにない。これ以上の迷宮化が進むことは、当分の間なさそうだ。

名古屋駅

巨大な地下街とトリッキーな私鉄駅

鉄道建設のために作られた貨物線の副産物

新橋〜横浜間と大阪〜神戸間の鉄道が開通したことで、明治初期の日本では、東西の鉄道を接続することが計画されはじめた。大阪からは1877年（明治10年）に京都、1880年（明治13年）に大津（現在の京阪電気鉄道びわ湖浜大津駅付近）、さらに琵琶湖経由の鉄道連絡船によって長浜まで連絡されたが、東京方面からのルートはなかなか決定しなかった。

候補に挙がったのは東海道と中山道だった。有力だったのは中山道ルートで、生糸や絹の輸送のために上野〜高崎間の建設が既に始まっていたこと、内陸部の開発を進めやすいこと、海岸近くの鉄道は防備上不利であることが軍部から指摘されたことなどから、1883年（明治16年）に東京〜大阪間幹線鉄道は中山道沿いに建設することが決定された。

西側の建設スピードは速かった。当時はレールなどを国産する技術がなく、すべて輸入に頼っており、新規路線は建築資材を運び込める港から作られていくのが一般的で、横浜や神戸に真っ先に鉄道が作られたのも、主要な港があったためだった。長浜より東側への延伸にあたって、まず港のある敦賀から建設が進められ、1884年（明治17年）4月に敦賀～長浜間が、5月には長浜～大垣間が開通した。同時期にようやく東側でも、上野～高崎間が開通した。

高崎から大垣までは、ずっと内陸部を進んでいくこととなる。西側では、敦賀から資材を運搬するのは効率が悪いため、新たな資材運搬線を建設することとなった。こうして1886年（明治19年）3月に、港のある武豊と熱田を結ぶ半田線が作られた。4月には熱田～清洲（現在の枇杷島）間が開通し、翌5月に名護屋駅が開業した。1887年（明治20年）4月には武豊～長浜間が全通し、同時に名護屋駅は名古屋駅へと改称されている。

その後、中山道は碓氷《うすい》峠や馬籠峠越えなど工事の難しい箇所が多いことが判明し、ルートが見直される。当時の未設区間は、中山道ルートが高崎～加納（現在の岐阜）間の約285km、東海道ルートが横浜～大府間の約350kmだったが、東海道は建設単価がほぼ半額と、トータルで安く建設できることから、計画を変更。半田線の一部も転用されることとなり、名古屋駅は1889年（明治22年）に全通した東海道本線へと所属が変更された。

初代の名古屋駅は現在より200mほど南側の笹島交差点付近に作られた。他の迷宮駅と同様に、笹島も当時は荒涼とした場所で、葦の生い茂る沼地や湿地だった。現在の金山駅付近に線路を通したときに、台地を開削したことで発生した土砂を運び、湿地帯に盛土する大工事が行われた。駅の開業が、路線の開業より一カ月遅れたのはそのためだ。同時に納屋橋が西端だった広小路を突貫工事で延伸して、駅まで接続した。

木造平屋建てだった初代駅舎は、1891年（明治24年）の濃尾地震で倒壊し、わずか5年で姿を消した。二代目駅舎が完成すると、1895年（明治28年）に関西鉄道（関西本線の前身）が、1900年（明治33年）に多治見駅までの官鉄線（現在の中央本線）が乗り入れるようになった。また、1898年（明治31年）には日本で二番目となる路面電車（名鉄の前身）が、駅前から広小路を通って、県庁前まで運行を開始した。

名古屋駅が大きく変貌したのは、1937年（昭和12年）だ。旅客用のホームが2面5線しかなく、輸送量の増加に対応できなくなっていたため、道路の混雑を解消する高架化と同時に、現在の位置へと移転。鉄筋コンクリート造りの地上6階・地下1階の三代目駅舎が完成した。

この移転費用を捻出するため、鉄道省は旧駅と旧線の跡地を売却する。まず名古屋市が、道路用地として約1万2000坪を購入。さらに約2000坪を大阪毎日新聞や豊田利三郎（トヨタ自動車工業の初代社長）が入手した（現在のミッドランドスクエア）。残る約270坪の土地を争ったのが、名鉄と関西急行電鉄（近鉄の前身）で、最終的には関西急行電鉄が共同駅の開設を条件に手を引いた。現在は名鉄名古屋駅・近鉄名古屋駅と、その周辺の商業施設となっている。

1945年（昭和20年）の名古屋大空襲で、名古屋の街は焦土と化したが、名古屋駅は類焼をまぬがれた。三代目駅舎は国鉄からJRに変わっても存在し続け、JRセントラルタワーズの着工のため、1993年（平成5年）に解体されるまで、56年もの長きにわたって利用された。

名鉄はあらゆる種別の列車を2線で賄う

JR名古屋駅は、在来線6面12線、新幹線2面4線の島式ホームが平行に並ぶ、シンプルな構造だ。1～17番線まであるが、1番線はリニアの建設工事のため、現在は使用が停止されている。また9番線ホームは存在しない。これは8番線と10番線の間に、ホームに接しない貨物列車用の中線が存在するためだ。13番線と14番線（新幹線ホーム）の間にも中線があるのだが、こちらはカウントされていない。

高架ホーム下の地表レベルに、中央コンコースがある。幅の広い自由通路で、駅東側の桜通口と、駅西側の太閤通口を結んでいる。このコンコースの南北に改札があり、北側は在来線が中央北口、新幹線が新幹線北口で、構内通路の北通路につながっている。北通路からはすべてのホームへ到達でき、新幹線・在来線の乗換改札や桜通口側の改札もある。

コンコースの南側は在来線が中央口、新幹線が新幹線南口で、構内の中央通路につながっている。こちらもすべてのホームにつながっており、新・在乗換が可能なのも同様だ。桜通口方面に改札はないが、平行する南通路と内部でつながっており、そちらに広小路口が存在する。このようにJR名古屋駅は、ホーム数が多い割には整然としており、碁盤目状の形状だから迷う要素も少ない。

難敵はJR以外にある。まず名駅ならぬ「迷駅」として名高い名鉄名古屋駅は、3面2線という極めて特殊な構造をしている。上り線と下り線の両側に対向式ホーム（1・4番線）が、内側に上下線の両方に接する島式ホーム（2・3番線）がある。基本的に1・4番線が乗車ホームで2・3番線が降車ホームだが、特別車（「ミュースカイ」と快速特急・特急の一部）は2・3番線から乗車する。

一般車は上り列車、下り列車のすべてが同一のホームに発着するのだから、ホームの選

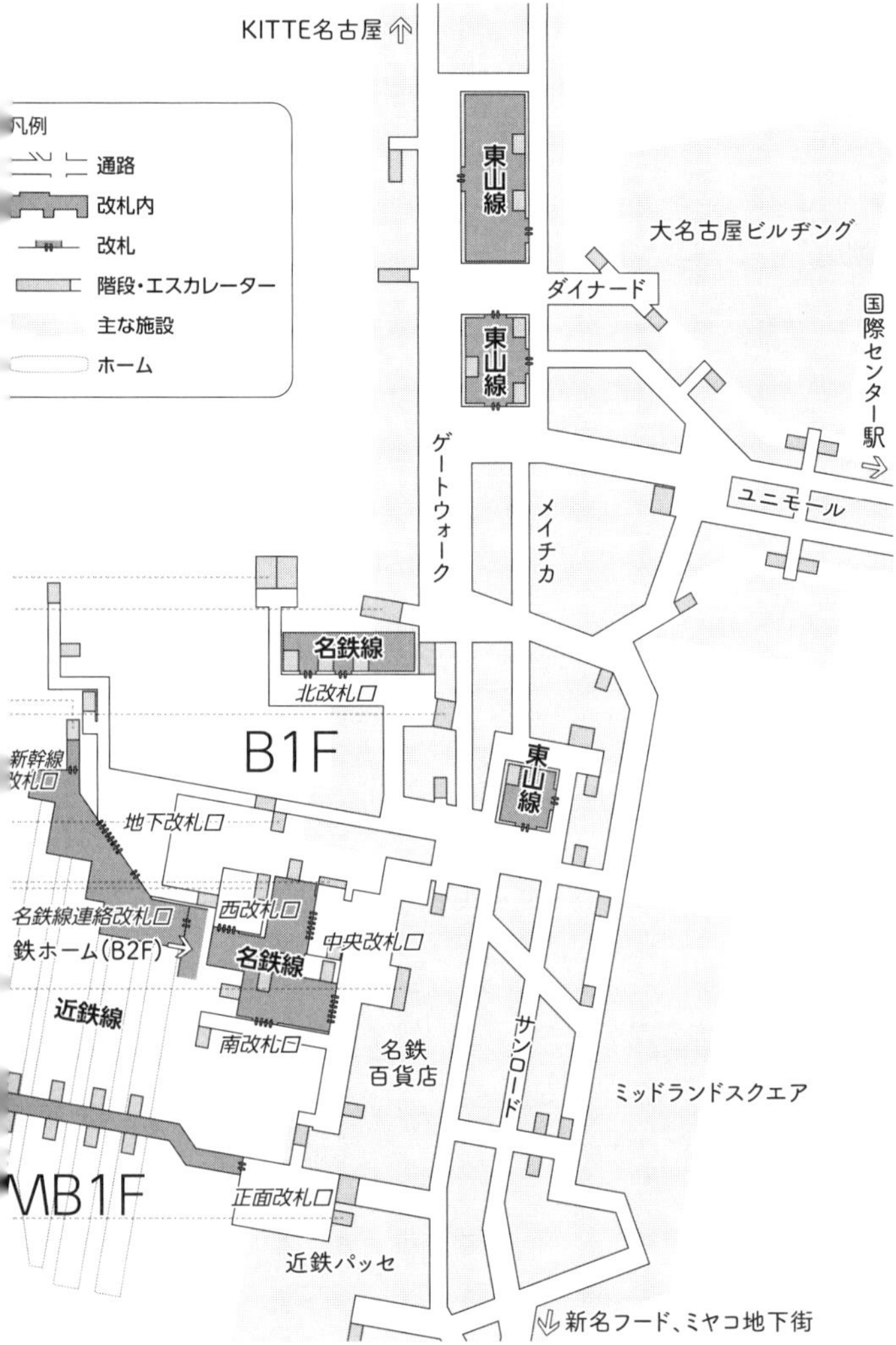
KITTE名古屋
凡例
通路
改札内
改札
階段・エスカレーター
主な施設
ホーム
東山線
大名古屋ビルヂング
ダイナード
東山線
国際センター駅
ゲートウォーク
メイチカ
ユニモール
名鉄線
北改札口
B1F
東山線
新幹線
改札口
地下改札口
名鉄線連絡改札口
西改札口
鉄ホーム(B2F)
中央改札口
名鉄線
近鉄線
南改札口
名鉄
百貨店
サンロード
ミッドランドスクエア
MB1F
正面改札口
近鉄パッセ
新名フード、ミヤコ地下街

名古屋駅マップ

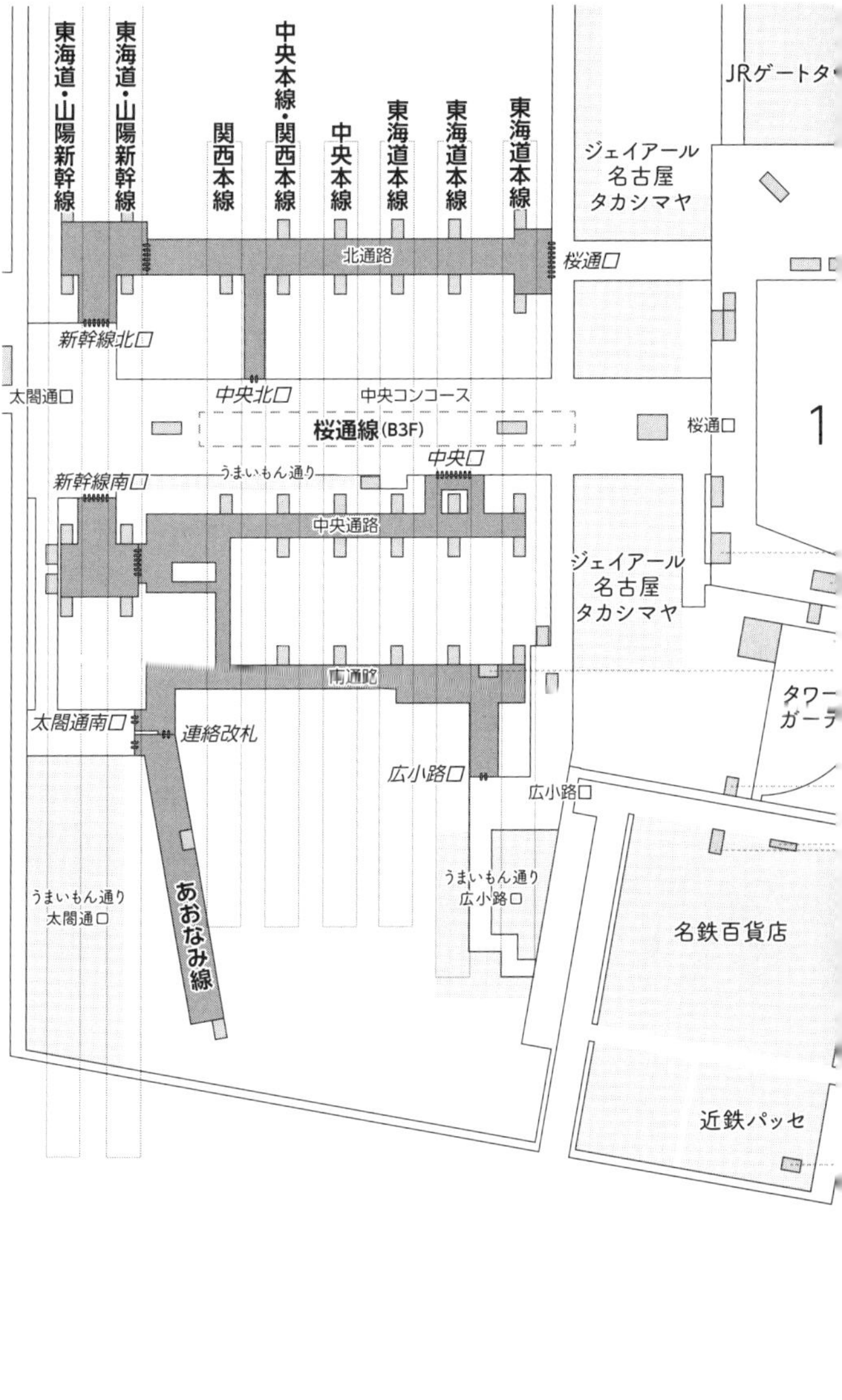
東海道・山陽新幹線
東海道・山陽新幹線
関西本線
中央本線・関西本線
中央本線
東海道本線
東海道本線
東海道本線
JRゲートタ
ジェイアール
名古屋
タカシマヤ
北通路
桜通口
新幹線北口
中央北口
中央コンコース
太閤通口
桜通線(B3F)
桜通口
1
中央口
うまいもん通り
新幹線南口
中央通路
ジェイアール
名古屋
タカシマヤ
南通路
タワー
ガーデ
太閤通南口
連絡改札
広小路口
広小路口
うまいもん通り
広小路口
うまいもん通り
太閤通口
あおなみ線
名鉄百貨店
近鉄パッセ

択は簡単だ。しかし、わずか二本の線路ですべての列車の発着を賄っているため、平日の8時台などは上下線とも、1時間に28本の列車が発着する。その中で、目的地に向かう列車を判別するのは容易なことではない。

上りは豊橋方面の名古屋本線のほか、豊川線・西尾線・常滑線・河和線・知多新線へ直通する列車が発着する。下り列車は岐阜方面の名古屋本線と、津島線・尾西線（弥富方面）・犬山線・広見線・各務原《かかみがはら》線へ直通する。方面もさまざまだが、途中駅までの運行もあるため、行先として表示される駅数はさらに多い。これにミュースカイ、快速特急、特急、快速急行、急行、準急、普通という種別の違いが重なる。

乗車位置をずらしてホームの混雑緩和を図るため、ホームや案内表示は豊橋方面の名古屋本線は青、知多半島の河和線・常滑線は緑などと色分けされている。ただし、同じ名古屋本線でも普通列車は黄色など、法則が特殊なのだ。さらに列車種別は特急が赤、急行が青など、別の法則で配色されており、このレギュレーションがなかなか理解できない。列車の編成も長ければ8両だが、短いと2両なので、乗車位置にも気を遣う必要がある。

しかも名鉄の列車は、途中で化ける。名鉄名古屋駅で乗車した急行が、途中の東岡崎駅から準急になったり、鳴海駅から普通になったりする。ダイヤが乱れたときに途中駅から列車種別を変更する例は他の鉄道会社にもあるし、時間帯によって特定の駅に停車する例（路線図の「▲」印など）もしばしば見られるが、「特定駅に停車する上に、途中から他の種別に化ける」というイレギュラーな運用を、恒常的に行っている鉄道会社は他にない。

運用面だけでなく、駅の構造も実に複雑だ。地下2階のホームこそシンプルだが、主要な改札のある地下1階が南北二カ所に分かれていて、位置を把握しづらい。入口専用、出口専用という改札が多いのも厄介だ。混雑が激しい駅ならではの工夫なのだろうが、初見の人にとっては不便なことはなはだしい。動線も脆弱で、乗車ホームである1・4番線が見つけづらい。特に中央改札口・南改札口から1番線へ向かう階段がわかりづらく、降車ホームである2・3番線への階段のほうが圧倒的に目立つ位置にある。

JR線からの乗換も難易度が高い。JR名古屋駅から名鉄名古屋駅へ向かうには、まず南通路の東端にある、広小路口という地味な改札口を出る。12・13番線や新幹線からの乗換は、いったん中央通路を経由して、南通路へと移る必要がある。広小路口へたどり着いて外に出ると、唐突に一般車が通る道路に出くわす。横断歩道で渡った先にある「名鉄百貨店」と書かれた建物の地下が、名鉄名古屋駅だ。

この広小路口ルートが最短ルートなのだが、随所に漂う「通用口」の雰囲気が初見の人を躊躇わせる。広小路口は小さく、途中に横たわる道路には、搬入車両が頻繁に行き来する。駅のある名鉄百貨店本館の入口も、装飾が少なくて狭く、いかにも「裏口」というテイストだ。そもそも、名鉄名古屋駅が「JR名古屋駅とは分離した百貨店」の地下にあると認識している地元の人はいいのだが、駅ビルとしてJR駅と一体化しているものだろうという先入観があると戸惑ってしまう。

東京や大阪では、新宿駅や池袋駅、大阪駅のようにJR駅と百貨店が地下通路でシームレスにつながっていて、境界がどこかわからないといった構造のほうが一般的だ。JR新宿駅と西武新宿駅、JR大阪駅と阪急大阪梅田駅のように分離している（ただし距離は近い）と考えれば理解しやすいだろうか。

「出口」すら色を変えない不親切なJRの案内表示

このJR名古屋駅と名鉄名古屋駅の間にあるのが、近鉄名古屋駅だ。4面5線の頭端式ホームで、名鉄名古屋駅と同様にシンプルな構造となっている。JR線や名鉄線との連絡改札口もあるから、乗換の難易度も高くはない。

だが、外部からのアクセスがとにかく難しい。正面の改札は近鉄パッセという商業施設の中にあるのだが、そもそもこのパッセ自体が、北が名鉄百貨店本館、西と南が名鉄バスターミナルビルと、三方を名鉄系の建物に囲まれていて、見つけづらい。パッセの1階から入ると、短い階段またはエスカレーターを下った中地下1階という、なんとも半端な階層に改札がある。これは、地下街からも半フロア上がれば改札にアクセスできるように、配慮した結果なのだろう。

地下街から直接アクセスできる地下改札もあるが、こちらもなかなかの難敵だ。近鉄名古屋駅と、名駅通の地下に連なる地下街との間には名鉄名古屋駅があるため、迂回しなければならない。このあたりの商業施設を含めた名鉄・近鉄の陣地の入り乱れ方は混沌としすぎていて、整理が難しい。

もう一つの私鉄である第三セクターのあおなみ線は、JRの南側にホームが設置されている。JRへの乗換は容易だが、名鉄や近鉄への乗換は、太閤通南口から中央コンコースを回る必要があり、かなり面倒だ。最後発の駅だから仕方ないと、割り切る必要がある。

地下鉄もなかなか手強い。JR名古屋駅の中央コンコース下の地下1階には、名古屋中央地下通り（ファッションワン）という地下街がある。その下の地下2階に桜通線のコンコースと改札が、地下3階にホームがあるのだが、動線が整っていないのだ。

1階の中央コンコースから地下へ向かう階段は、東西に一カ所ずつある。西側の太閤通口側は問題ないのだが、桜通口側の階段で地下1階へ下りても、地下2階へ向かうルートが見当たらない。Uターンする形で左手前の通路を進み、10段ほどの階段を下りた先にようやく地下2階への階段が見つかる。エスカレーターも併設されておらず、これがメインルートだとは到底信じられないような構造だ。

最短ルートは、実は中央コンコースの新幹線南口と在来線の中央口の間にある、エレベーターを使用することだ。地下2階の桜通線コンコースまで直行することができるのだが、このエレベーターが小さくて目立たないため、そもそも発見することが難しい。

桜通線に比べれば、東山線への乗換は容易だ。中央コンコースを桜通口に出て、正面にあるロータリーの左側を進み、下りの階段を下りれば改札が見える。もっと雑に、とにかく桜通口の地下と覚えておくだけでも、たどり着くことはできるはずだ。

JRから私鉄線への乗換が難しいのは、案内表示にも要因がある。JR名古屋駅の案内表示は、色使いに乏しい。辛うじて新幹線や関連商業施設のピクトグラムに差し色がある程度で、地色に白抜きの標識が、ただただ並ぶ。他社では黄色地で表現することが一般的な「出口」も、さすがにホームや構内の連絡通路では改札口の表示が黄になっているもの

名古屋駅周辺の地下街

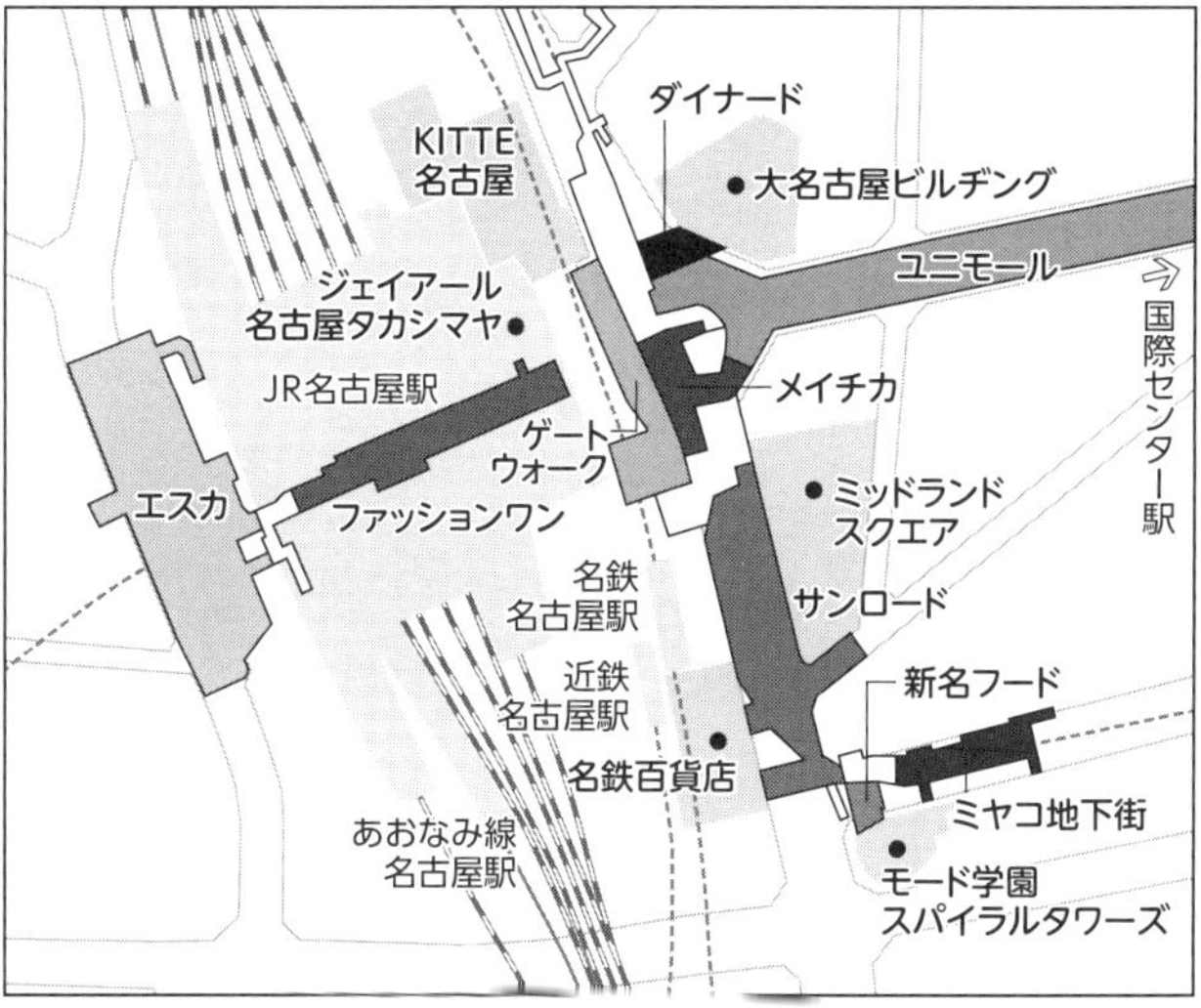

の、中央コンコースなどの自由通路ではまったく色分けされていない。

路線別（東海道本線・中央本線など）の色分けも行われていない。東京駅なら山手線が黄緑・京浜東北線が水色・中央線が朱色、大阪駅なら大阪環状線が赤・東海道本線（神戸線・京都線）が青・福知山線（宝塚線）が黄色といった、路線のイメージカラーで方面を表しているが、JR名古屋駅ではすべて同色。色の表示が飽和状態の名鉄名古屋駅とは対照的だ。

地下鉄線をイメージカラーで表現するのも他社では一般的だが、JR名古屋駅では行われていない。さらには東山線と桜通線の区別なく「地下鉄」とのみ書かれた表示もある。あまりにも不親切だ。

案内表示を色分けしないのは、ＪＲ東海のルールなのだろう。過度に色分けされた駅は確かに見苦しいし、シックに統一されていることから、独自のＣＩ（コーポレートアイデンティティ）に基づいたデザインであることは理解できる。同社の他の駅ではそれで不便ないのだろうが、名古屋駅は規模が違いすぎる。他社の迷宮駅を参考にし、ユニバーサルデザインに基づいた、わかりやすい案内表示に取り組んでもらいたいものだ。

地下街攻略のカギは遠回りを恐れないこと

名古屋は地下街の町といっても過言ではない。戦後の復興期に、火災の延焼防止と将来の車社会の到来を見越して、幅の広い道路を基本とした都市計画が行われ、その象徴として久屋大通と若宮大通という、いわゆる１００ｍ道路が作られた。広い道路が多いということは、地下空間も国や自治体が所有するスペースが広いということになる。つまり、戦後の名古屋には大規模な地下街を建設するための、絶好の環境が整っていた。

名古屋の地下街は、玄関口である名駅地区と、繁華街の栄地区がツートップとなっている。栄の地下街は、地下鉄東山線の開業に合わせてオープンした。当初は「栄地下街」という名称で、後に拡張された栄中南地下街・栄東地下街・栄北地下街と合わせて、現在では「森の地下街」として営業されている。さらに隣接する場所に「サカエチカ」「セントラルパーク」が作られ、地下空間は徐々に拡大していった。近隣の大型施設と接続し、栄駅と近隣の商業施設を結ぶ役割も担っている。

栄の地下街に先行して1957年（昭和32年）3月に開業したのが、名駅桜通口の「ナゴヤ地下街」、現在の「名駅地下街サンロード」だ。同年には、隣接する北側に「メイチカ」もオープン。1963年（昭和38年）には南東側の「ミヤコ地下街」と北側の「ダイナード」が完成し、翌1964年（昭和39年）には太閤通側に「エスカ地下街」がオープンした。その後も桜通下の「ユニモール」、桜通口ロータリー下の「テルミナ地下街」（現在の「ゲートウォーク」）、中央コンコース下の「ファッションワン（名古屋中央地下通り）」と、大小さまざまな地下街がオープンしている。

離れた位置にあるエスカとファッションワンを除けば、これらの地下街はシームレスにつながっている。実際はモールごとに特色があり、名鉄・近鉄・ミッドランドスクエアに接するサンロードや、JRと東山線に近いゲートウォークは華やかな印象だ。メイチカやミヤコ地下街はノスタルジックなテイストで、ユニモールやダイナードはオフィスワーカー向けの洗練された雰囲気がある。だが、地下街に慣れた地元の人ならともかく、馴染みのない人にはこの巨大地下街の構造を細かく把握することは難しいだろう。

名駅の地下街の攻略法は、遠回りを恐れないことと、迷ったら躊躇わずに地上に出ることだ。地下街から各路線へ向かうとき、最短ルートの解を瞬時に導き出すのは難しい。ならば多少遠回りでも、路線名が書いてある案内に従って進むのが一番だ。地下街には至るところにＪＲ線、名鉄線、近鉄線などの路線名が書かれた案内表示がある。その矢印に従えば、最短ルートではないけれど、目的の路線に向かうことはできる。幸い、名古屋駅の各路線は構内がシンプルだから、改札の中に入ってしまえばこっちのものなのだ。

それでも迷うという人は、思い切って地上に出てしまったほうが楽だ。名駅通や桜通など、名古屋駅周辺の道路はとんでもなく幅が広い一方で、主要な部分に横断歩道が設置されている。車の通らない地下のほうが移動はスムーズなのだが、迷うくらいなら信号で待たされても、方向感覚を掴みやすい地表を歩いたほうが手っ取り早い。

コロナ禍で再開発の計画が不透明に

名古屋駅も今後、劇的な変化を遂げる可能性がある。まずはリニア中央新幹線の建設だ。

2027年の開業が予定されており、既に名古屋駅では工事が始まっている。現在の新幹線と在来線の北端付近の地下30mに、2面4線のホームが作られる予定だ。

これに合わせて、名鉄名古屋駅周辺の再開発が計画された。既存の名鉄ビル、名古屋近鉄ビル、名鉄バスターミナルビルなどを一気に建て替え、商業施設やオフィス、ホテルなどが入居する複合ビルを建設するとともに、あまりにも使い勝手の悪い名鉄名古屋駅を拡張するというものだ。地上30階建てで、高さは160〜180m。現在の名鉄百貨店本館から、笹島交差点西の太閤通をまたぎ、南北約400mにわたる巨大な壁のようなビルを建設するという、壮大な計画だ。

だが、いずれの計画も暗礁に乗り上げている。リニアは静岡工区が大井川の流量減少問題で、着工に至る前の調査すらできない状態に陥っている。東京都調布市で、東京外かく環状道路（外環道）の工事ルート上の住宅地が陥没したことで、大深度地下をシールド工法で掘り進める手法に、安全面で疑問の声が上がっているのも確かだ。

名鉄名古屋駅の周辺開発も、新型コロナウイルスの影響による社会情勢の変化で、全面的に見直すことになりそうだ。2022年度の着工は先送りされ、スケジュールだけでなく事業内容も、これから3年かけて再検討される。

計画の変更となれば、事業主体である名鉄や近鉄だけでなく、デベロッパーや設計・建設、既存のテナントや入居予定の企業など、多数の関係先との調整が必要となる。特に障壁が高いのが自治体で、都市計画が決定してしまったあとで変更することは極めて難しい。折衝する項目が多岐にわたる上、補助金や道路や公園などの公共用地整備に関わる予算は、議会で承認し直さなければならない。

ターミナル駅周辺の再開発が全国で続く中、コロナ禍の影響による計画の全面的な見直しを表明したのは名古屋だけだ。既存の計画にとらわれない柔軟な発想もまた、名古屋の独自性といえる。

大阪駅

広大な地下空間の「西の横綱」を待ち受ける再開発

軟弱地盤による地盤沈下との戦いの歴史

迷宮駅の中で「西の横綱」と呼ぶにふさわしいのが大阪駅だ。大阪の二大繁華街の一つ「キタ」の中心である梅田地区に立地しており、接続する私鉄線や地下鉄線にも「梅田」の名が付けられている。

陸運より海運が中心だった江戸時代、日本の経済の中心地は江戸ではなく大阪だった。輸送の主体は木造帆船で、波が荒く難所が多かった太平洋岸を通る江戸は、海運に不向きな立地だった。比較的穏やかな瀬戸内海や日本海を経由して、北前船が中四国から九州、北陸や東北、果ては蝦夷地まで進出した結果、大阪が「天下の台所」として発展していった。明治維新直後は蔵屋敷の廃止と、廃藩置県による大名貸（大名の借金）の貸し倒れによって打撃を受けるものの、貨幣や大砲、繊維工業を中心とした工業都市として再生していった。

当時の市街地の中心部は船場や堂島で、日本で二番目となる大阪〜神戸間の鉄道建設が計画されたときも、大阪駅は堂島に置かれる予定だった。鉄道の建設資材を船で運び込めるという利点もあり、蔵屋敷の跡地で、堂島川の水運と接続できる田蓑橋《たみのばし》北詰一帯（現在の大阪市北区堂島三丁目）が候補地となり、頭端式ホームの建設が計画されていた。

場所が約500m北東の梅田に変更されたのは、まず用地の問題だった。大阪市街地の北限よりも外側にあった梅田は、もともと「埋田」という名前だったように、湿地帯を埋め立てた場所だった。田んぼと墓地が広がっているだけの荒涼とした土地で、堂島よりも用地買収のハードルが低かった。

将来的に京都方面へ延伸した際に直通運転できるよう、行き止まりとなる頭端式ではなく、通過式の構造が望まれたのも要因だった。日本最初の駅の一つで、当初は頭端式の構造だった横浜駅が、二度の移転を繰り返したことは既に述べた通りだ。

1870年（明治3年）に英国人技師の指導のもと、建設の始まった大阪駅は、1874年（明治7年）に開業した。「梅田すてんしょ」と呼ばれた赤レンガ作り2階建ての駅舎は、近世フランス式ゴシック風建築様式という当時としてはあまりにモダンなつくりで、弁当を持参して見物に訪れる人が後を絶たなかったという。

1877年（明治10年）に大阪〜京都間が開業し、1889年（明治22年）に東海道本線が全線開通すると、旅客需要は次第に増加していく。当時は大阪駅に発着する貨物を船に乗せ替えて運ぶための梅田入堀が、現在の大阪中央病院付近にあり、堂島川まで開削されていた。これを避け、路面電車の乗り入れ場所や人力車（当時のタクシー代わりだった）の待機スペースを確保するため、大阪駅は１９０１年（明治34年）に東側へ移転。二代目駅舎が完成した。

大阪駅には当初、私鉄線も発着しており、最盛期には山陽鉄道（現在の山陽本線）、阪鶴鉄道（同福知山線）、西成鉄道（同桜島線）、関西鉄道（同関西本線）、南海鉄道（同南海電気鉄道南海本線）の五社が乗り入れていた。しかし、１９０６年（明治39年）の鉄道国有法によって、主要な私鉄は国有化される。

同時期に、新たな鉄道会社が梅田に進出した。１９０５年（明治38年）に阪神電気鉄道本線が出入橋〜神戸間で開業。１９１０年（明治43年）には箕面有馬電気軌道が梅田〜宝塚間と、石橋〜箕面《みのお》間（現在の阪急宝塚本線と箕面線）を開業した。鉄道を管轄する逓信省は、官鉄の対抗路線となる私鉄の建設に消極的だったため、両社とも軌道（路面電車など）として内務省の認可を受けるという、法の網の目をかいくぐる形で建設された。

昭和に入ると、大阪駅を取り巻く環境が大きく変化していく。まず旅客需要の急増に伴い、１９２８年（昭和3年）に駅の北側に大阪貨物駅を建設し、客貨を分離。１９３４年（昭和9年）には高架化が実施された。１９１４年（大正3年）の東京駅、１９３０年（昭和5年）の神戸駅に次ぐ大規模高架駅の建設だったが、これがとんでもない難事業だった。

高架化の背景には踏切による交通渋滞と、１９１０年（明治43年）の淀川の改良工事がある。もともと淀川は旧淀川（大川、堂島川、安治川）が本流だったが、１８８５年（明治18年）の明治大洪水で、大阪に甚大な被害が生じた。水害を防ぐべく、淀川放水路（現在の淀川）が作られたことで、東海道本線は大阪駅の前後で、５００ｍを超える川幅を二度またぐ必要が生じた。

橋を上るためには、駅を発車してすぐにスピードを上げなければならないが、当時の蒸気機関車の出力では急激な加速は難しい。京都側・神戸側ともカーブとなっているため、なおさら急発進はしにくかった。交通渋滞解消のため、城東線（現在の大阪環状線東側）の一部を高架化する必要性も生じたため、それならば大阪駅全体を高架化したほうがスムーズだということになった。

しかし、障害物があった。同じく淀川をまたぐ阪神急行電鉄（現在の阪急）が、既に１９２６年（大正15年）に梅田〜十三《じゅうそう》間を高架化しており、東海道本線をまたいだ南側（現在の阪急うめだ本店の位置）に梅田駅を設置していた。そのため東海道本線を高架に切り換えると同時に、阪急線を再び地平に戻す工事が行われることとなった。

東海道本線は東西の大動脈であり、阪急線も多数の乗客がいたため、切り換え工事はなんと一夜で敢行されることとなった。こうして１９３４年（昭和9年）5月31日から翌未明にかけての6時間で、総員１２６０人の手によって東海道本線は高架に、阪急線は地上に切り換えられた。

難工事となったのは、梅田という土地が持つ致命的な欠陥にも要因があった。もともと淀川の土砂が堆積した湿地帯だった大阪駅周辺は、地盤が極めて脆く、地下20ｍ前後までが粘土層という軟弱地盤だった。東京駅では基礎杭として、松の丸太が1万本以上打ち込まれたが、それでも長さは5〜7ｍだった。梅田では鉄筋コンクリート製の杭を打ったものの、一部が砂礫層に達しておらず、建設と同時に圧密による不等沈下が始まった。その後も大阪駅は１９６０年代まで、地盤沈下に悩まされ続けることとなる。

高架化とともに建設された三代目大阪駅には、地上5階地下1階建ての駅舎が作られることとなった。3階以上は鉄道ホテルとして供用される予定だったが、5階の一部まで鉄骨が組み上がった段階で、日中戦争による資材不足により工事がストップ。3階以上が鉄骨むき出しの異常な姿のまま、1940年（昭和15年）に仮設の状態で駅舎として供用開始された。戦況の悪化した1943年（昭和18年）には、むき出しだった鉄骨が軍へと供出され、戦後も未完のまま1980年（昭和55年）まで使用されることとなる。

駅の周辺も大きく変化した。大阪の目抜き通りは堺筋と四つ橋筋だったが、交通量の圧迫により、大阪駅と中心街の船場、歓楽街の難波を結ぶメインストリートが計画される。こうして1937年（昭和12年）に完成したのが御堂筋で、地下に電線と電車を埋設し、43・6mもの道幅をイチョウの街路樹が彩る、当時としては画期的な構造の道路だった。

直下を走る地下鉄1号線（現在の御堂筋線）は、先行して1933年（昭和8年）5月に梅田（仮駅）～心斎橋間で開業。1935年（昭和10年）10月には現在の位置で梅田駅が本開業した。1906年（明治39年）に出入橋駅（廃駅）に代わって始発駅となっていた阪神線の梅田駅（現在の大阪梅田駅）も、1939年（昭和14年）に現在の位置へ移転するなど、地下空間の活用も本格化していった。

上下に分かれる連絡通路と中途半端な中2階

梅田の構造を考察する前に、まず構成している駅について整理してみよう。自由通路でつながっている範囲にあるのは、ＪＲ大阪駅、阪急大阪梅田駅、阪神大阪梅田駅、Ｏｓａｋａ Ｍｅｔｒｏ梅田駅・東梅田駅・西梅田駅と、ＪＲ北新地駅で、まず駅名からしてバラバラだ。このうちＪＲ大阪駅と阪急はホームが高架に、阪神と地下鉄、ＪＲ北新地駅は地下にある。

まず難物なのがＪＲ大阪駅だ。６面11線とホームの数は多いものの、すべて平行に並んでおり、ホーム長もほぼ同じという理想的な形状をしているのだが、接続する連絡通路が実に複雑怪奇なつくりなのだ。計四本の連絡通路のうち、ホームから地表階へと下りる方面のものが三本ある。東から御堂筋口、中央口、桜橋口へと向かう通路だが、１・２番線の大阪環状線のみ、中２階を経由する必要がある。

これはホームが後付けされたことが原因だ。東京で山手線の環状運転が始まったのが１９２５年（大正14年）だったのに対し、大阪環状線が環状となったのは１９６１年（昭和36年）と遅かった。もともと大阪〜天王寺間は城東線、天王寺〜今宮間は関西本線、西九条〜大阪間は西成線として営業していたが、これらを一体化し、さらに今宮〜大正間の貨物線の編入と、大正〜西九条間の新設を行って、環状化された。

大阪駅では当時の１番線を外回り、新設した０番線を内回りに使用していたが、２番線

大阪駅マップ

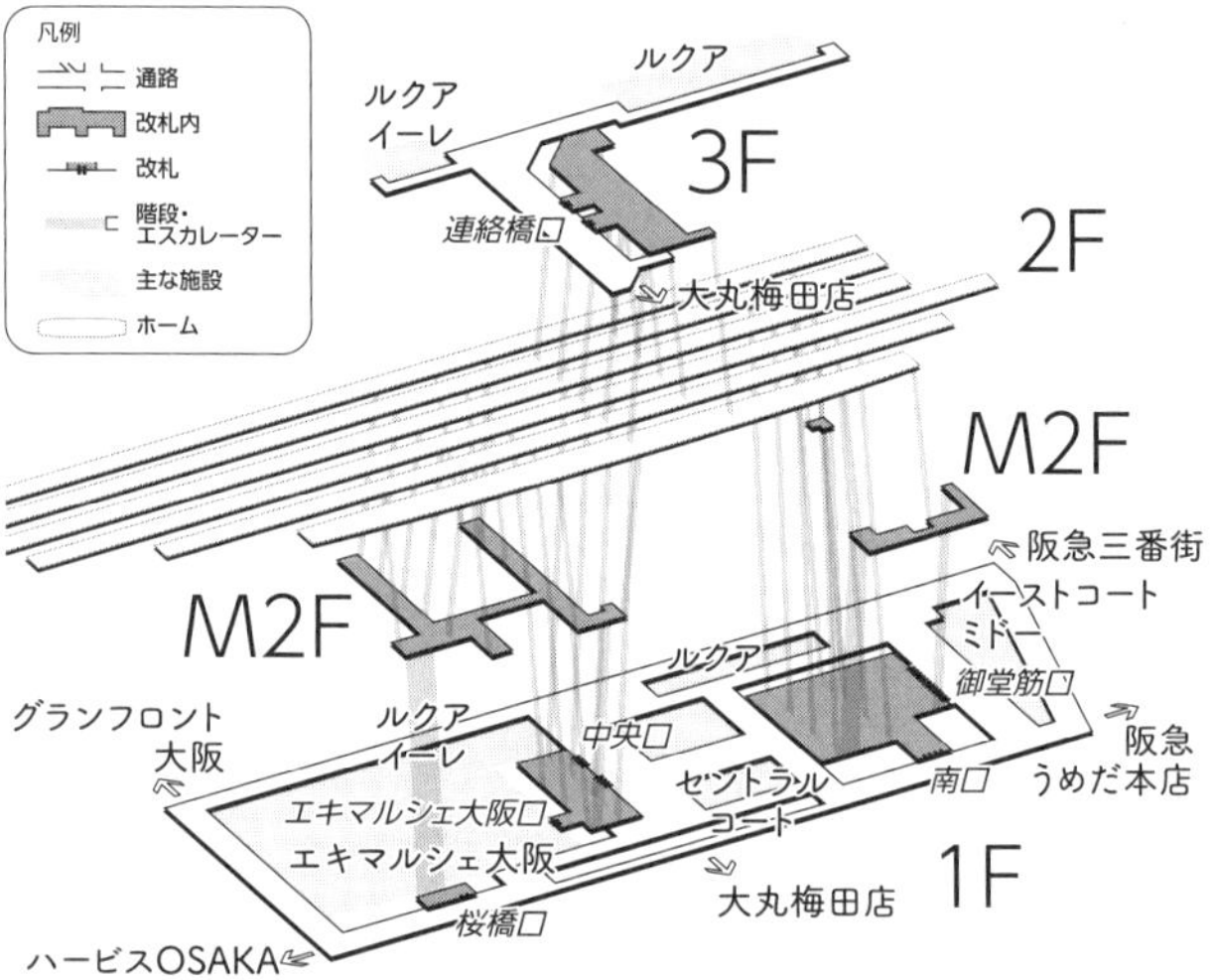

が長距離列車の発着ホームだったため、混雑が同じ島の1番線に波及していた。大阪万博を控えてさらなる混雑が予想されたため、駅舎の一部を取り壊し、1970年（昭和45年）にマイナス1番線が、0番線と同じ島に設置された。ただし、マイナス1番線という表示では具合が悪いため、0番線ともども環状1・2番線という名称に変更された。2011年まで行われた改良工事を受けて、現在では番線が振り直されている。

　後付けされた大阪環状線ホームの下には、自由通路や駅施設があったため、連絡通路を地表レベルまで延ばすことができなかった。こうして1・2番線のみ、中2階を経由しなければならない、不思議な構造となった。

これだけならまだいいのだが、中央口と桜橋口方面にも中2階通路が存在する。3～10番線ホームから中央口通路に直接行き来ができるエスカレーターもあるが、階段を使う場合は中2階を通らなければならない。西側の桜橋口通路も同様で、この二つの中2階は改札内でつながっている。特殊なのは11番ホームで、こちらは御堂筋口通路への行き来にも、中2階を経由する必要がある。

さらに改良工事によって、新たな連絡通路が作られた。南北連絡橋という、大阪駅の南北を縦断する自由通路に平行する形で作られた、高架の連絡橋口通路だ。こちらは下階へ向かう通路とは明らかに動線が異なるが、駅の周辺へと向かう場合、目的地によっては上か下か、どちらから行ったらよいか迷うケースが新たに生まれた。

どこに行くかわからない大阪環状線1番ホーム

大阪駅のトラップはこれだけではない。まず細かい段差や階段・スロープが異様に多い。特に中央コンコースや、南口から桜橋口へかけての自由通路には、三～七段程度の中途半端な階段が目立つ。これは高架化以降、悩まされ続けた地盤沈下の影響によるものだ。軟弱な地盤と地下水の汲み上げによって、場所によっては最大で1m以上沈下したことで、ホームやコンコースだけでなく、路面にも大きな影響が出た。東海道本線の全線中、大阪駅構内の線路がもっとも急勾配になってしまい、レールに砂を撒かないと発車できない時期さえあった。

不等沈下を解消するため、アンダーピニング工法による大工事が、1962年（昭和37年）までの10年間にわたって施された。既設の基礎杭の間に人力で穴を掘ってコンクリート管を下ろし、約25m下の固い地盤に達したら管内にコンクリートをつめるというもので、日本で初めて採用された工法だった。さらに地下水の取水制限が行われたことで、ようやく地盤沈下は食い止められたが、段差はそのまま残ってしまった。

続いての難敵は、ソフト面の問題だ。大阪駅のホームは1・2番線が大阪環状線、それ以外は東海道本線（神戸線・京都線）が使用しており、3〜6番線が神戸方面の下り、7〜11番線が京都方面の上りだ。基本的に、向かい合う6番線と7番線が、上下それぞれの普通列車、その外側の5番線と8番線に快速・新快速列車が発着する。さらに外側の3・4番線からは、途中から分岐する福知山線（宝塚線）への当駅始発列車が発車し、9・10番線には当駅止まりの列車が到着する。11番線は京都以東へ向かう特急列車の専用ホームだ。

大阪駅のホーム配置

1958年(昭和33年)まで

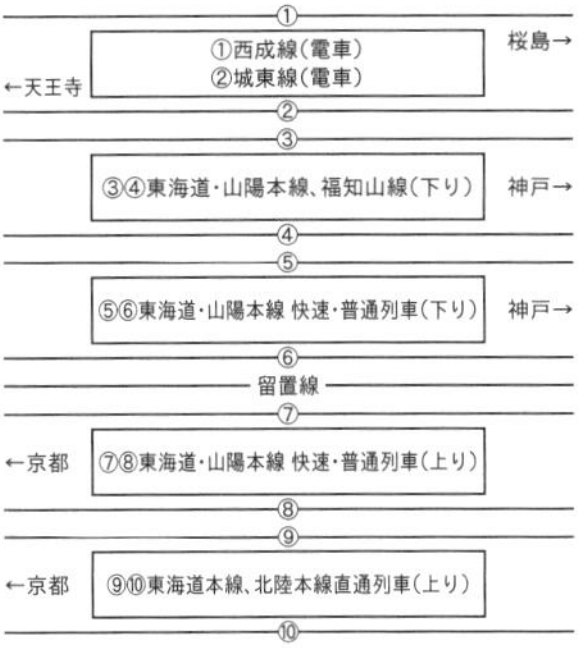

1959年(昭和34年)12月～

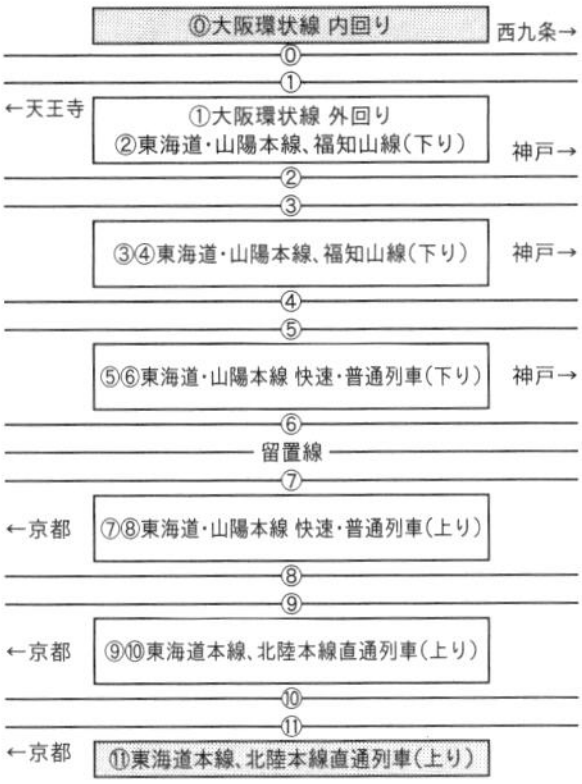

1970年(昭和45年)3月～

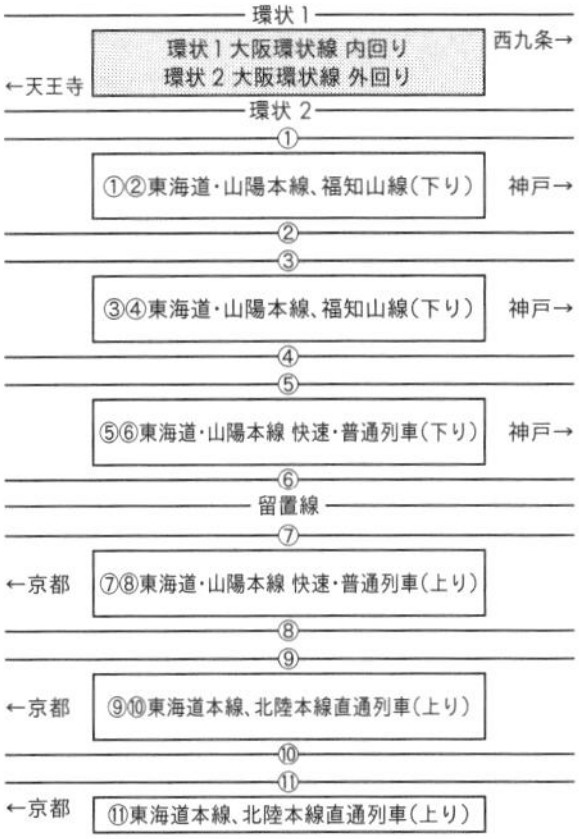

2009年(平成21年)12月～

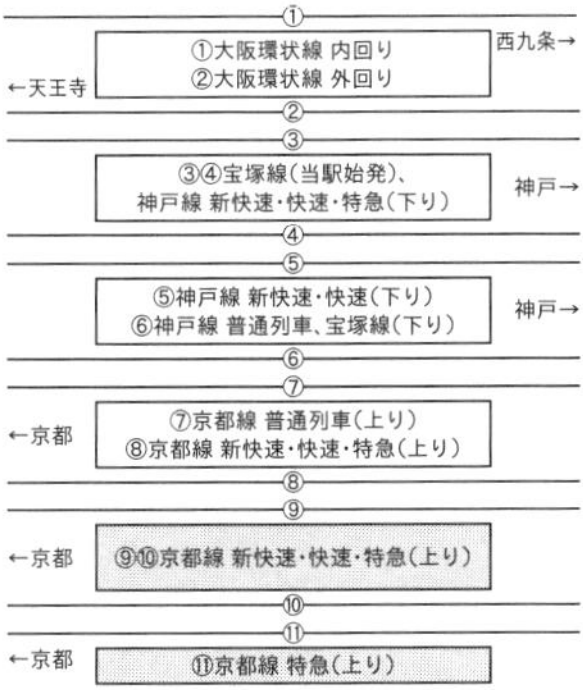

難題は1番線ホームだ。大阪環状線は実に複雑な路線で、環状周回する列車以外にも、西九条駅で分岐する桜島線（ゆめ咲線）と、天王寺駅で分岐する関西本線（大和路線）・阪和線が乗り入れている。2番線に発着する外回りは、全列車が周回運転か天王寺駅止まりなので問題ないのだが、内回りの1番線にはさまざまな行き先の列車が発着する。

東京地区でも、湘南新宿ラインと上野東京ラインという名称で相互直通運転が始まって以来、同一のホームに複数の方面へ向かう列車が発着するようになった。池袋・渋谷・新宿では、北が埼京線、東北本線（宇都宮線）と高崎線、南がりんかい線、東海道線、横須賀線、相鉄直通線へと向かっている。上野・東京・品川では、北が埼京線、東北本線、高崎線と常磐線、南は東海道線へ向かう。

大阪駅では、一つのホームに四つの路線が発着している。しかも大和路快速・紀州路快速・関空快速・快速は途中の野田駅・芦原橋駅・今宮駅を通過する。大和路線は区間快速のみ、この3駅を通過しないから、なおさらややこしい。初めて大阪駅へ行く人は、1番線は魔境だということを覚えておきたい。

四つ橋線と谷町線の乗換は要注意！

ＪＲ大阪駅以外は、駅構内の構造はそれほど複雑ではない。規模が大きいのは阪急大阪梅田駅で、神戸線・京都線・宝塚線の主要三路線すべてが発着する。平行に並ぶ10面9線のホームは、頭端式としては日本最大の規模で、欧米の巨大駅のような風格さえ感じさせる。阪急ターミナルビルの3階にホームがあり、櫛の背の部分一面に巨大な改札が設置されている。また、ホームの中腹から下りる階段やエスカレーターがあり、2階にも改札が設けられている。頭端式ホームの欠点である、櫛の背に乗客が集中するリスクを減らす構造だ。

阪神大阪梅田駅は、5面4線の頭端式ホームだ。地下2階にホームがあり、こちらも櫛の背の部分に改札がある。上下は入れ替わるものの、ホーム中腹から地下1階の改札へ向かうことができるのも、阪急と同様だ。

地下鉄は御堂筋線の梅田駅、四つ橋線の西梅田駅、谷町線の東梅田駅の三駅（梅田三駅）があり、改札外乗継を行っている。東京の地下鉄では珍しくない改札外乗換だが、大阪ではここが唯一だ。

もともと谷町線は、御堂筋線の梅田駅に乗り入れる予定だったが、工事が難航し、ルートが変更された。梅田駅には供用済みの1面2線のホームの他に、平行する1面2線ホームが用意されており、対面乗換が可能な設計となっていた。しかし谷町線の乗り入れがなくなったため、混雑緩和のために転用。内側2線分のスペースをホームに組み込んだことで、現在の幅24・5mという広々とした梅田駅が誕生している。

梅田三駅の接続は良くない。特に西梅田駅は遠いうえに、間に阪神大阪梅田駅を挟むため通路の混雑が激しく、ルートも複雑だ。できれば他の駅で乗り換えたいところだが、谷町線と四つ橋線の乗換駅はここしかないため、避けようがない。御堂筋線と四つ橋線は対面乗換が可能な大国町駅を活用するのが便利だ。

JR東西線の北新地駅はシンプルな構造だが、運賃計算の特例が多い。例えば、大阪〜尼崎間もしくは大阪〜京橋間を含む定期券や回数券を持っている場合、北新地駅での乗降ができる。反対に北新地〜尼崎・京橋間を含む定期券や回数券があれば、大阪駅でも乗降可能だ。ただし、あくまで定期券・回数券に限るルールで、普通のきっぷでは適用されない。大阪駅と北新地駅は同一駅という扱いではないが、さまざまな特例が存在する駅だと覚えておきたい。

小店舗が密集している地下街と通行を阻む地下駅

梅田が恐ろしいのは、駅の外にも地下迷宮が広がっているところだ。周辺には御堂筋や新御堂筋、扇町通や曽根崎通といった幅の広い幹線道路が通っているため、地上は基本的に車が優先の構造だ。JR線が高架なので、空中をデッキで接続するのも限界がある。必然的に、歩行者の主要ルートは地下となる。

梅田の地下道が迷宮である理由の第一は、とにかく範囲が広いことだ。東は新御堂筋の曽根崎東交差点、西は西梅田公園付近、南は渡辺橋付近、北は阪急大阪梅田駅の地下まで広がっている。「ホワイティうめだ」と「ディアモール大阪」の二大地下街をはじめ、「ドージマ地下センター」や「ｅｋｉｍｏ梅田」など多様な地下街があり、阪急うめだ本店や阪神梅田本店、大丸梅田店のデパ地下や、阪急三番街やルクア大阪、グランフロント大阪などの商業施設や複合施設の地下部分ともつながっている。

実は、地下通路がつながっている範囲は、東京駅や新宿駅のほうが広い。梅田は東西方向、南北方向とも、端から端までの直線距離は1・3㎞ほどで、隣の駅までつながっているわけでもない。地下街のトータルの店舗面積も、東京や名古屋の地下街に比べれば広くない。だが、これは大阪の地下街は店舗の奥行きがなく、小規模な店舗が密集しているこ

阪急線
大阪梅田駅
阪急三番街
JR京都線
大阪環状線
HEP FIVE
梅田駅
HEP NAVIO
阪急グランドビル
ホワイティうめだ
OSビル
阪急うめだ本店
大阪富国生命ビル
扇町通
曽根崎警察署
大阪梅田駅
阪神梅田本店
東梅田駅
新御堂筋
E-ma
梅田DTタワー
大阪駅前第4ビル
ディアモール大阪
大阪駅前第2ビル
大阪駅前第3ビル
谷町線
そねちか（曽根崎地下歩道）
曽根崎通
御堂筋線
御堂筋

大阪駅周辺マップ

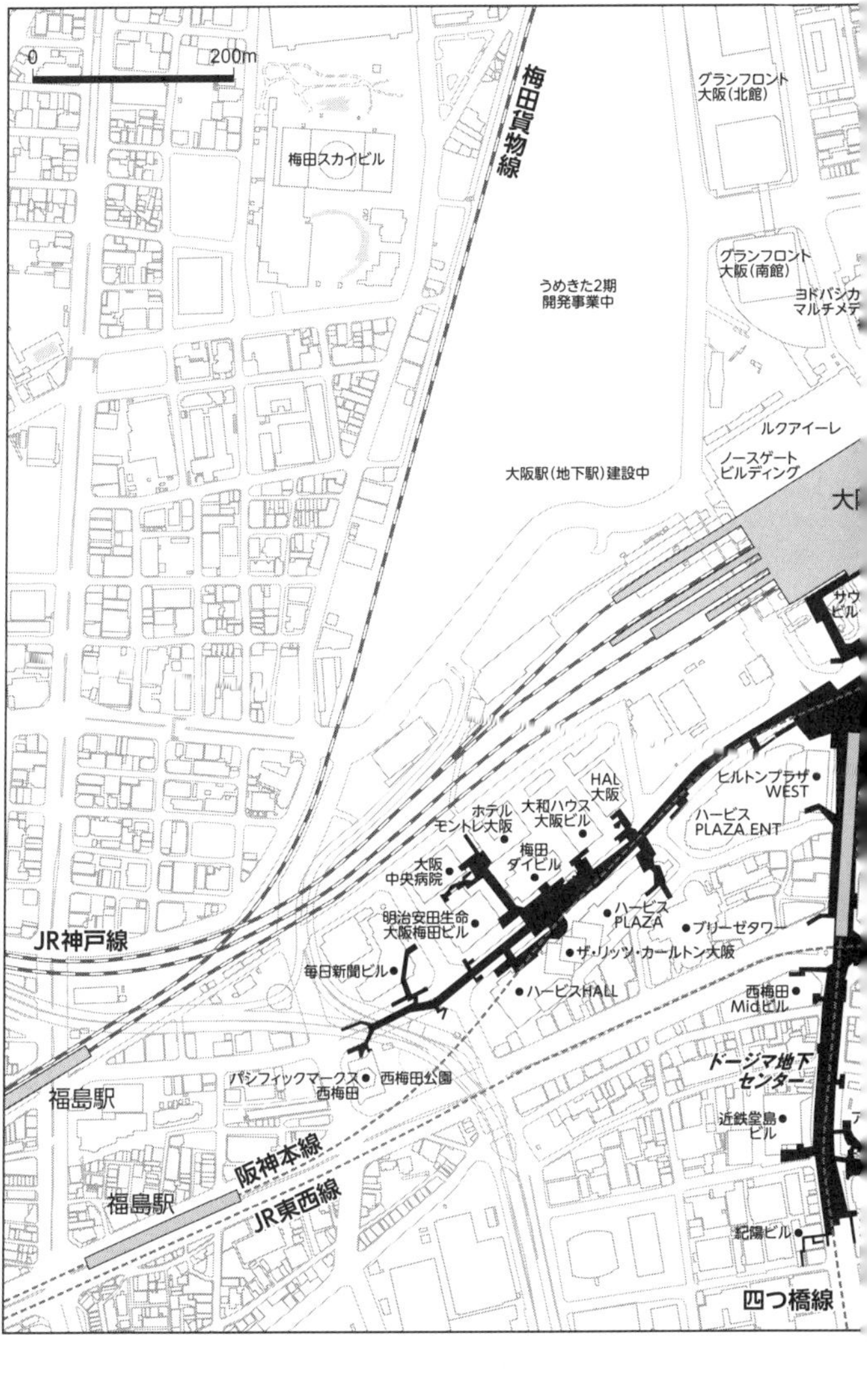
0
200m
梅田貨物線
グランフロント
大阪(北館)
梅田スカイビル
グランフロント
大阪(南館)
うめきた2期
開発事業中
ヨドバシカ
マルチメデ
ルクアイーレ
ノースゲート
ビルディング
大阪駅(地下駅)建設中
サウ
ビル
HAL
大阪
ヒルトンプラザ
WEST
ホテル
モントレ大阪
大和ハウス
大阪ビル
ハービス
PLAZA ENT
大阪
中央病院
梅田
ダイビル
明治安田生命
大阪梅田ビル
ハービス
PLAZA
ブリーゼタワー
JR神戸線
ザ・リッツ・カールトン大阪
毎日新聞ビル
ハービスHALL
西梅田
Midビル
ドージマ地下
センター
パシフィックマークス
西梅田
西梅田公園
福島駅
近鉄堂島
ビル
阪神本線
福島駅
JR東西線
紀陽ビル
四つ橋線

とが原因だ。地下通路の両側には間断なく店舗が並んでおり、混雑度は東京駅や新宿駅の比ではない。

分岐が直角ではないため、方向感覚が狂いやすいのも難点だ。建て替えが行われている阪神梅田本店の周辺は、動線がわかりにくいからなおさら迷いやすい。行き止まりが多いのも梅田の特徴で、典型的なのがJR大阪駅の御堂筋口から、ヨドバシカメラ マルチメディア梅田までのルートだ。建物は道路を挟んだ目の前にあるのに、たどり着く道筋が見つからないということが一時話題となった。

大阪駅とヨドバシカメラの間には横断歩道がなく、歩道と車道の間は柵で仕切られている。迂回しても横断歩道にはたどり着けず、地下へ向かう階段も見つけづらい。なんとか地下へ入っても、ヨドバシカメラの入口が地下街の店舗に隠れている。現在は道路を横断する高架デッキが作られて解消したが、梅田の迷宮っぷりを象徴する場所として記憶している人は多いはずだ。

駅が行き止まりを作っている場所もある。御堂筋線梅田駅は改札が通路を完全に塞いでおり、脇を抜ける通路が存在しない。上を通る御堂筋を進むか、地下にこだわるなら東側のホワイティうめだを通って、大きく迂回する必要がある。阪神大阪梅田駅も行き止まりに見えるが、こちらには脇に通行できるルートがある。だが位置がわかりづらく、案内表示も不親切なのが難点だ。

地下新駅となにわ筋線の開通で迷宮度がアップする

2011年に五代目駅舎と橋上通路、大阪ステーションシティが供用開始したことで、JR大阪駅の改修工事は一段落した。しかし、これからさらに大規模な再開発が待ち構えている。つまり梅田の大迷宮は、今後ますます複雑化していくことが決定的となっている。

現在進行形なのは「大阪梅田ツインタワーズ・サウス」だ。阪神梅田本店と新阪急ビルの建て替えによって生まれる高層ビルで、2022年春に開業予定となっている。阪急うめだ本店が入居している梅田阪急ビル（「大阪梅田ツインタワーズ・ノース」に改称予定）と並ぶ形となる。合わせて阪神大阪梅田駅も、5面4線から4面4線に変更され、ホーム長とホーム幅が拡大する。こちらは2022年度末に完成予定だ。

さらにJR大阪駅を西側へと拡張する工事が、既に始まっている。現在、地表レベルには東から御堂筋口、中央口、桜橋口があるが、最西端に新たな出入口が2024年夏に登場する予定だ。隣接する旧大阪中央郵便局の跡地を含めた場所に、オフィスや商業施設、バスターミナルなどを備えた地上23階の駅ビルが建設され、新たな改札口はその1階部分に設置されることになる。

そして最も注目されているのが、旧梅田貨物駅の跡地（梅田北ヤード）で行われる再開発だ。既に一期工事として2013年にグランフロント大阪が開業したが、これを上回る規模の二期工事が進行中となっている。オフィスやホテル、商業施設や住宅が集結した高層の複合棟が「うめきた二期地区」に建設される予定で、広大な都市公園や都市型スパも作られる。

問題は地下に設置予定の駅だ。再開発と同時に、この区域の西側を走っている東海道本線の支線（梅田貨物線）が地下に移され、同時に新駅が設置される。この梅田貨物線は特殊な路線で、もともと東海道本線と旧梅田貨物駅や桜島線の安治川口駅を結ぶために設けられていた。

しかし貨物輸送が減少したことで、京都駅・新大阪駅方面と、西九条駅から大阪環状線を経由して天王寺駅方面を結ぶバイパス線として使用されるようになった。特急「はるか」が京都方面から関西空港へ向かう場合、大阪駅で東海道本線から大阪環状線へ転線すると、平面交差が必要となるため、運行ダイヤに支障を来す。新大阪駅と西九条駅を短絡する梅田貨物線を通れば、大阪駅というターミナル駅を通過することになってしまうものの、他の路線に迷惑を掛けることがない。

こうして梅田貨物線は、「はるか」や南紀方面へ向かう特急「くろしお」など、主に特急列車が運行される路線となった。これを再開発と同時に地下へ移設し、通過している大阪駅に隣接する場所に地下新駅を作ろうというのが地下化の趣旨だ。

新設の地下駅は、名称が「大阪駅」となることが決定した。つまり新駅ではなく、既存の大阪駅の構内となる。東京駅の京葉線ホームのように、連絡通路は長くなるが、同一駅という扱いだ。西側に拡張される新たな改札口付近から、連絡通路が設けられる見込みだ。

そして、この地下新駅から分岐し、福島駅付近からなにわ筋の下を通る地下線「なにわ筋線」も計画されている。途中でさらに分岐して、JR難波駅へと向かう路線と、南海新今宮駅へと向かう路線が2031年に完成する予定だ。大阪府や大阪市、JR西日本などが出資する第三セクターの関西高速鉄道が建設し、JRと南海が運行する形となる。

JRは京都・新大阪駅から地下新駅を経由し、JR難波駅・天王寺駅を経て関西空港方面へ向かう特急列車を走らせることができる。西九条駅から大阪環状線の西側区間を経由して天王寺駅を回るルートより短絡化できるうえ、中之島や難波と新大阪駅が直結し、新幹線の接続利便性が大幅に向上するというメリットもある。「はるか」は京都・新大阪・梅田・難波・天王寺という、関西の主要なターミナル駅を網羅する空港特急となる。

これは、難波から関西空港へ特急「ラピート」を運行している南海にとっては脅威だ。そこで、南海もなにわ筋線への乗り入れを熱望した。できれば新大阪駅、最低でも梅田の地下新駅までは乗り入れたいが、競合するJRはさせたくない。綱引きの結果、2017年に協議がまとまり、南海は地下新駅まで乗り入れる代わりに、JRに使用料を支払うこととなった。

現状で固まっている計画はここまでだが、さらに阪急もこの地下新駅への乗り入れを希望し始めた。南海とは逆に、北側から地下新駅へ乗り入れようという計画で、地下新駅と阪急十三駅を結ぶ新線を作り、さらに十三駅と新大阪駅を結ぶ新線を作ろうというものだ。

だが、こちらは先行きが不透明だ。JRと南海は線路の軌間が1067㎜の狭軌で同一だが、阪急は1435㎜の標準軌だ。つまり、既存の列車を乗り入れることはできない。地下新駅へ阪急が乗り入れるには、新大阪〜十三〜地下新駅を狭軌で新設せざるを得ない。

阪急にとって新線を建設するメリットは、南海と相互直通運転を行うことで、難波・関西空港・和歌山方面への乗換が、阪急神戸線・京都線・宝塚線が集結する十三駅で行えること、新大阪駅と関西空港が直結すれば（収入を得られるのは新大阪〜地下新駅間という一部区間のみであるものの）、一定の需要が見込めそうなことだ。これは新大阪駅までの直通運転を行いたい南海にとっても大きなメリットとなる。

こうなると地下新駅の行き先も、複雑なことになりそうだ。北行きは「はるか」が現状通りの運行となれば滋賀県の野洲《やす》駅まで。南行きは関西空港駅のほか、「くろしお」が和歌山県の新宮《しんぐう》駅まで到達する。ＪＲは難波駅から天王寺駅を経由して、関西本線経由で奈良方面の列車を走らせることもできるし、南海も高野線や和歌山方面の列車を直通させる可能性もあるだろう。梅田という大ターミナルがさらに巨大化するのは、どうやら避けられそうにない。

第4章
ここにもユニークな「迷宮駅」

上野駅

増築の繰り返しで生まれた地表と高架の二層構造

彰義隊の戦いで荒廃した寛永寺の子院跡地に建設

1883年（明治16年）に日本鉄道の上野～熊谷間開通に伴い、上野駅は開業した。江戸時代の上野一帯は、徳川家の菩提寺だった寛永寺の寺領で、現在駅のある場所には普門院や常照院、顕性院といった寛永寺の子院がずらりと並んでいた。しかし1868年（慶応4年）の上野戦争（彰義隊の戦い）で荒廃し、境内地は没収された。日本鉄道は子院跡地のうち3万坪弱を東京府より借り受け、初代上野駅が建設される。

日本鉄道の第一期線は、1884年（明治17年）に高崎駅まで延長され、現在の高崎線が全通。翌1885年（明治18年）には現在の東北本線にあたる大宮～宇都宮間が開通した（ただし利根川のみ渡船）。その後も急ピッチで延伸は続き、1891年（明治24年）には上野～青森間が全通。常磐方面も1889年（明治22年）の友部～水戸間から建設が開始され、1898年（明治31年）に岩沼駅へ到達。1905年（明治38年）に日暮里～三河島間が開通し、常磐線の起点は田端駅から上野駅へと移る。

こうして上野駅は、北関東・東北方面のターミナル駅として賑わっていった。混雑を避けるため、1890年（明治23年）に貨物線のみ南方に延伸し、秋葉原貨物取扱所（現在の秋葉原駅）へ貨物機能を移転。1896年（明治29年）には隅田川駅にも貨物機能を分散させた。

初代駅舎は1923年（大正12年）の関東大震災で全焼。これを機に、上野駅は大きく変貌する。まず1925年（大正14年）の山手線の環状運転化に伴い、高架ホームを建設。さらに駅西側に「公園口」が開設された。1927年（昭和2年）には東京地下鉄道（現在の東京メトロ銀座線）の浅草〜上野間が開通する。続いて常磐線の高架切り換えが行われ、仮設だった駅舎も鉄骨鉄筋コンクリート造で建設された。1932年（昭和7年）に完成した二代目駅舎は、現在もその姿をとどめている。

頭端式ホームの西側に後から高架の島式ホームを増設

上野駅の構造が複雑なのは、需要が増加するたびに増築することで解消を図り、そのまま抜本的な解決をしないまま現在に至っているためだ。まず地平ホームは昭和初期に工事が完了したが、旅客用ホーム3面と、長さが短くて幅の狭い小荷物用のホーム4面という、

地平ホーム（14・15番線）の上に、高架ホーム（11・12番線）がある。

変則的な7面7線だった。小荷物用のホームは、現在13番線と14番線の間にある、クルーズトレイン「TRAIN SUITE 四季島」用「13・5番線ホーム」の原型となっている。

１９８２年（昭和57年）に東北・上越新幹線の大宮～盛岡間が暫定開業し、１９８５年（昭和60年）に上野駅まで延伸された。これによって在来線の特急列車の多くが廃止されるとともに、新幹線用の通路を建設するための用地が必要だったことから、19・20番線が廃止され、さらに１９９９年（平成11年）には18番線が廃止された。これ以降、地平ホームは現在の3・5面5線での運用となっている。

高架ホームは山手線に続き、１９２８年（昭和3年）に京浜東北線と貨物線の切り換え工事が完了する。さらに翌1929年（昭和4年）には常磐線も高架線の発着となり、1〜4番線が山手線と京浜東北線、5〜8番線が常磐線という、現在に近い運用となった。

戦後に入ると、13番線ホームのほぼ直上に、新たな高架ホームが建設され、9・10番線が生まれた。さらに14・15番線ホームの上にも高架ホームが作られ、11・12番線となった。高度成長期の上野駅は北の玄関口として需要がピークに達しており、ホームの増設は不可欠な状況で、苦肉の策としてホームの上にホームを設置するアクロバティックな構造が生み出された。継ぎ足しの構造は解消されることなく、現在に至っている。

天井の低い中2階と遠回りの3階連絡通路

上野駅の構造が理解しにくい原因は、この二層構造をつなぐ連絡通路にもある。頭端式ホームの櫛の背の部分にあるのが、中央改札と中央乗換通路だ。地平ホーム部分は問題ないのだが、高架ホームへ向かうには、いったん中2階へ上がらなければならない。移動の手間だし、見通しが悪いし、背の高い人は頭を打ちそうなほど天井が低い。90年近い歴史を持つ駅ならではの短所だが、構造的に改良の余地がないため、必要悪と考えるしかない。

もう一つの連絡通路は高架ホームの上階にあたる、3階に存在する。北側の「大連絡橋通路」と南側の「公園口通路」の二本の連絡通路を両端でつないだ四角い形状となっている。公園改札と入谷改札にアクセスできるほか、さまざまなショップがある駅ナカ施設「エキュート上野」と一体化しており、買い物に便利だ。

以前は、この連絡通路から到達できるホームが限られていたが、地平ホームと新幹線連絡口への直通エスカレーターが新設されたことで、格段に使い勝手が向上した。なお、13番線と14・15番線へ向かうエスカレーターは、直下にある9・10番線と11・12番線のホーム中央をスルーして、ダイレクトに地平ホームへとアクセスする。そのため、地平ホームと高架ホームを直接行き来することはできない構造となっている。

地平ホームと高架ホームの乗換は、1階↓中2階↓2階が最短ルートとなるが、わかりやすいのは1階↓3階↓2階というルートだ。上野動物園や上野公園の博物館・美術館へのアクセスも3階（公園改札）が便利で、JR同士の乗換と上野公園方面は上の連絡橋、地下鉄や京成線、アメ横へは下の連絡橋が便利だと覚えておきたい。

不便な点が多いのは戦前に竣工した古い駅ならでは

上野駅に乗り入れている私鉄線は、京成線と東京メトロの銀座線・日比谷線だ。京成上野駅へは不忍改札か中央改札を出て、右手へ向かえばすぐに到達する。西武新宿駅のようにJR線と離れた位置にあると誤解されがちだが、改札間は徒歩で5分とかからない。京成上野駅はオーソドックスな2面4線のホームで、構内で迷う要素はないだろう。

東京メトロは、銀座線のホームが特徴的だ。東京で最初の地下鉄である銀座線は、開削工法で作られたため浅い階層を通っており、地上から階段を下りるとすぐに改札口という構造の相対式2面2線ホームが多い。一般的な駅では、改札を入ってから方面を確認してから目的のホームへ移動できるのだが、銀座線は改札内で逆方面のホームへの移動ができなかったり、遠回りが必要だったりと、不便な形状の駅が目立つ。上野駅の上野公園方面改札もこのパターンなのだ。改札が浅草方面と渋谷方面で分離しているため、入場する前にホームを選択しなければならない。

歴史のある駅だけに、現在では不便に感じる部分が随所に存在するのは致し方ない。東京駅はリニューアルしたものの、1924年（大正13年）に作られた旧原宿駅舎は解体されてしまった（復元再建予定）。私鉄でも1922年（大正11年）に竣工した東急池上線池上駅の旧駅舎が役割を終えている。東京で戦前に竣工した駅舎が現存するのは、東京駅のほかには1929年（昭和4年）に作られた両国駅（当時は両国橋駅）と、1932年（昭和7年）に完成した御茶ノ水駅の御茶ノ水橋口駅舎くらいだ。多少の不便はあれど、歴史的な建造物を現役の駅として利用できるのは素晴らしいことではないだろうか。

上野駅地平ホームから高架ホームへの乗換ルート

①頭端式の地平ホーム

中２階ルート

②短い階段・エスカレーターで
中２階へ

③中２階の一部は天井が低い

３階ルート

②ホーム途中の階段・
エスカレーターを上る

③３階の連絡通路で目的のホームへ

④２階の高架ホームへ到着

北千住駅

垂直方向に迷宮が広がる独特な形状の乗換駅

乗降客より乗換客の混雑が激しい駅

江戸時代、隅田川は主に軍事的な理由から、基本的に架橋されなかったが、千住には徳川家康の江戸入府後の1594年（文禄3年）に、伊奈忠次によって大橋（現在の千住大橋）が架けられた。1884年（明治18年）の台風まで300年弱を耐え抜いたこの名橋には、北へ向かう日光街道・奥州街道だけでなく、水戸街道や佐倉街道の街道筋も、渡船の時間ロスを避けるために移ってきた。こうして大橋北岸に広がる千住宿周辺は、江戸に最も近い宿場町として発展する。

北千住駅はそれほど大きい駅ではない。特に戦前は、東京郊外の一般的な駅にすぎなかった。1896年（明治29年）に日本鉄道土浦線（現在の常磐線）の駅として、千住宿近くに開業し、1899年（明治32年）には東武線の北千住〜久喜間が開通して乗換駅となった。1面2線の島式ホームが二本並ぶだけの、シンプルな構造だった。

戦後はこの二線の重要性が増していく。当時の東京北東部の路線網は脆弱で、ほぼ平行する総武本線・京成線、東北本線・京浜東北線の間には、常磐線と伊勢崎線しか走っていなかった。高度成長期のラッシュアワーには、激しい混雑が発生するようになる。

東武伊勢崎線は1960年（昭和35年）に貨物ヤードを移転し、1962年（昭和37年）に地下鉄日比谷線の開業に伴い、直通運転を開始。北千住駅は浅草方面と日比谷線の対面乗換が可能な構造となった。常磐線は早々に複々線化が決定され、1969年（昭和44年）に開業した千代田線と、常磐緩行線の直通運転が始まった。1974年（昭和49年）には伊勢崎線も複々線化され、都内でも屈指の乗降客数を誇る駅となった。

当時の北千住駅は、乗換需要が混雑の主因という特異な状況に陥っていて、電車内の混雑よりもホームの混雑のほうが問題となっていた。特に伊勢崎線と日比谷線の乗換客が多かったことから、浅草駅で銀座線、押上駅で都営浅草線に乗り換えられる迂回制度も導入されたが、定着しなかった。この混雑は1996年（平成8年）の浅草方面と日比谷線のホーム分離と、2003年（平成15年）の半蔵門線への直通運転が始まるまで続いた。

東武伊勢崎線・日比谷線の発着パターンは独特

北千住駅の構造を理解するために、まず北千住駅に発着する路線について整理しておきたい。常磐快速線は通常の途中駅となっていて、2面3線の単式＋島式複合ホーム（いわゆる「国鉄型」）が1階にある（JR東日本は2階と表記）。ここまではシンプルだ。

常磐緩行線は北千住が終着駅という扱いで、早朝深夜を除き、全列車が千代田線と直通運転を行っている。ここに問題が二点ある。まず北千住〜綾瀬間は東京メトロとの共同使用区間で、常磐線でもあり千代田線でもある。そのため、常磐緩行線は北千住駅が終着だが、千代田線は綾瀬駅（と北綾瀬駅）が終着駅なのだ。運賃も二つの計算方法が成り立つうえ、特例制度もあって複雑なのだが、例えば北千住〜綾瀬間であれば安いJRの料金が適用される。

そして常磐緩行線・千代田線の北千住駅は地下2階にあり、常磐快速線との乗換が不便なのだ。そもそも快速線と緩行線で、ホームが地上と地下に分かれているのがわかりにくい。一応、改札内での乗換は可能だが、他の駅で乗り換えたほうが便利だ。

東武伊勢崎線（スカイツリーライン）も北千住駅以北は急行線と緩行線の複々線で運行されている。反対方面は浅草方面と日比谷線に分岐しており、緩行線からはほぼ全列車が日比谷線へ直通運転している。この関係性は常磐緩行線と千代田線に類似している。

注意したいのは、方面によってホームの法則が異なることだ。西新井・春日部方面は、普通列車の走る緩行線が3階ホーム、それ以外の列車が急行線の1階ホームと、緩急で分かれている。しかし反対方向は、日比谷線が3階、浅草方面が1階と、方面による区分だ。浅草方面は特急だろうが普通列車だろうが、同じホームに全種類の列車が発着する。

残るつくばエクスプレスは、シンプルな1面2線の島式ホームだ。こちらは迷う心配はないだろう。

JR・東京メトロ・東武の改札内乗換通路は複雑怪奇！

北千住駅は地上4階から地下2階までの六層構造になっており、ホームはつくばエクスプレスが4階に、東武伊勢崎線（下り緩行線）・日比谷線が3階に、東武伊勢崎線（上下急行線）と常磐快速線が並ぶ形で1階に、常磐緩行線と千代田線が地下2階にある。ただしJRは、常磐快速線ホームを2階と表記している。高低差がある地形に建っているため、どちらが正解とはいえないのだが、ここでは東武の表記に合わせたい。

メインの連絡通路は2階にある自由通路で、西口は北千住マルイに直結するペデストリアンデッキにつながり、東口は階段を下りれば商店街に出られる。地下の常磐緩行線・千代田線ホームへは遠いが、その他の路線とは直結している、利用頻度の高い通路だ。東西をつなぐ自由通路は中央にもあって、西口ロータリーから東口商店街の前へと、自転車も通れる半地下の通路がつながっている。

サブの南通路は各路線の南改札口からアクセス可能で、仲町《なかちょう》口という小さな出口から駅西側へ出ることも可能だ。常磐緩行線・千代田線へもアクセス可能だが、駅東側へは出られないというネックがある。

問題は改札内の連絡通路だ。北千住駅は相互乗り入れをしている関係で、JR・東京メトロ・東武の三社は改札内がつながっている。ただ、改札内移動が必要なのは同一の鉄道会社のホームに限られるため、本来は常磐快速線と東武線・日比谷線との間に、改札内移動は必要ない。だが、常磐快速線と緩行線、日比谷線と千代田線の間に連絡通路を作った結果、三社の改札内がつながってしまった。

常磐快速線と緩行線は中央付近にある地下通路で接続されている。日比谷線と千代田線は、それぞれの構内の北端と南端に地下通路がある。ただそれだけなのだが、もれなく上下方向の移動を伴うため、複雑に感じてしまう。

そもそも、北千住駅が迷宮駅と化したすべての元凶は、常磐緩行線・千代田線のホームが地下に作られたことにある。系統のわかりにくさも、構造の複雑さも、すべてがそれに由来する。しかし、狭い敷地に深い階層がギュッとつまった迷宮は独特の形状で、特に東武線の構内は駅ナカ施設が多く、歩いていて楽しい。探索すれば他の駅とは違った面白さを味わえる駅なのだ。

北千住駅地下ホームへの乗換ルート

日比谷線からのルート

① 3 階にある日比谷線ホーム

②ホーム両端の階段・
エスカレーターで地下 1 階へ

③地下通路を西側へ進む

常磐快速線ホームからのルート

①地上ホームの常磐快速線

②ホーム中ほどの階段で地下へ

③地下通路をさらに下っていく

④地下 2 階の常磐緩行線・
千代田線ホームへ到着

京都駅

整合性の取れた構内と散策向きの空中回廊

トンネル掘削技術がなかったことで市の南端に作られた

かつて平安京の区域内だったにもかかわらず、京都駅が開業した1877年（明治10年）当時の八条通周辺は寂れた場所だった。また東山トンネルを掘削する技術がなかったため、大津方面の延伸を考慮すると、なるべく市域の南側に設置したかったという事情もあり、繁華街のあった三条・四条周辺から遠く離れた場所に建設された。実際に1880年（明治13年）の大津駅（当時）への延伸時には、現在の奈良線を稲荷駅付近まで南下してから、東進するルートが選ばれている。

1895年（明治28年）には奈良鉄道（現在の奈良線）の京都〜伏見間（ルート変更で現存せず）が、1897年（明治30年）には京都鉄道（現在の山陰本線）の京都〜大宮（廃駅）間が開通。1914年（大正3年）にはルネサンス様式の二代目駅舎が完成したが、戦後に失火で全焼し、1952年（昭和27年）に三代目駅舎が完成した。

1964年（昭和39年）に開業した東海道新幹線は、戦前の広軌幹線鉄道（弾丸列車）計画の段階から、京都駅を経由しない予定だった。これに京都市議会や地元財界が猛反発。陳情を重ね、最後には国鉄が折れて、現在のルートへ変更されている。

JRは島式＋南北の頭端式ホームという構造

京都駅は独特の構造となっている。JRの在来線は概ねホームが平行に並んでいるのだが、これが三つのブロックに分かれている。0～7番線は単式＋島式ホームで、東海道本線（京都線・琵琶湖線）と湖西線が使用し、特急列車も発着する。1番線は貨物用の中線なのでホーム番号としては欠番となっているが、それ以外は一般的なホームだ。

8～10番線は奈良線のホームで、西側がつながった頭端式ホームとなっている。主に山陰本線（嵯峨野線）用の30～34番線も東側がつながった頭端式だが、30番線は関西空港へ向かう特急「はるか」専用のホームで、0番線の西端を切り欠いた形となっている。なお、番線がいきなり30番台に飛んでいるのは、31番線を「さんいん」に掛けたためだ。

地上のワンフロアにホームが集中しているにもかかわらず、ここまで複雑な構造は珍しい。しかし、上野駅や天王寺駅のように、島式ホームと頭端式ホームのフロアが分かれているわけではないため、把握はしやすいし、移動も難しくない。

在来線の南側にある東海道新幹線も、オーソドックスな2面4線の島式ホームだ。近鉄京都駅は、新幹線ホーム下の1階にある。4面4線の頭端式ホームで、改札口は一カ所と、迷う余地が少ない構造だ。

連絡通路と自由通路は駅西側が高架、東側は地下

1997年（平成9年）に完成した四代目駅舎（京都駅ビル）と、関連する駅構内のリニューアルによって、京都駅の構造は大きく変化した。ホームを結ぶ二本の連絡通路と、それぞれに平行する二本の自由通路が主要な動線となっている。

駅の西側に設置されたのが高架の連絡通路と南北自由通路で、中央付近の西口改札で出入りができる。南北自由通路からは新幹線と近鉄線の改札口にも出入りが可能だ。烏丸口（北口）と八条口（南口）のどちらからもアクセスできて、すべてのホームへと行ける万能なルートで、駅の南北を徒歩で横断するときのメインルートになっている。

対する駅の東側は、地下の連絡通路へと下りる仕組みだ。ほぼすべてのホームへとアクセス可能だが、西端にある30～34番線は0番ホームを経由する必要がある。また、駅西側に位置する近鉄線との乗換通路がない。

この地下通路の東側に地下自由通路が平行しているが、改札が設けられているのは通路の北端（地下東口）のみだ。通路の南端には1階へ上がる階段があり、そこに八条東口という小さな改札が設置されている。地下通路のアドバンテージは、地下鉄烏丸線へのアクセス性の高さで、地下東口改札を出ると正面に地下鉄の改札口があるため、乗換が簡単だ。

連絡通路とは別に存在するのが、中央口改札だ。烏丸口の巨大な駅舎の中央にあり、0番線ホームと直結している。東西の連絡通路を経由すれば各線のホームへ向かうことができるため、これも違和感なく利用できる出入口だ。このように、ホームの形状が複雑で、連絡通路も高架から地下まで階層が分かれている割に、京都駅は迷う要素が少ない。

トラップの多い八条口、散策が楽しい烏丸口

京都駅は駅の外もわかりやすい。烏丸口の地下街「ポルタ」は碁盤目状の形状で、そのまま駅前の塩小路通りを地下で横断することができるため、京都タワーや東本願寺方面へスムーズに行くことができる。方向感覚に不安がある場合も、地上に横断歩道があるから安心だ。バスターミナルへの階段は見分けが付きづらいものの、新宿駅西口や横浜駅西口のようにバス停自体が孤島のようになっているわけではなく、ちゃんと横断歩道があるの

で、行き止まりに突き当たる心配はない。

やや難しいのは八条口で、特に高速バスが発着し、ビジネスホテルが集積する駅南東の京都アバンティ周辺からの案内が不親切だ。この場所から最短の在来線改札は八条東口改札なのだが、早朝深夜は利用できない小さな改札であるうえ、案内表示がわかりにくく、そもそも八条東口が在来線の改札口なのか、新幹線の改札口なのかの判別もつきづらい。八条東口改札の脇から入れる地下自由通路への動線も脆弱だ。

駅舎に入り、新幹線下のコンコースを西へ進むも、外壁に「JR京都駅」と書いてあるあたりに、改札がない。我慢してさらに進んでも、新幹線の出入口しか見当たらない。いったん駅舎の外に出て、階段を上がって南北自由通路へ向かうのが正解ルートなのだが、案内表示に「南北自由通路」「JR線」としか書かれていないからわかりにくい。出張客や観光客にとっては「JR在来線」と表示したほうがありがたいのだが。

京都駅の八条口一帯の案内表示は、JR東海ルールで統一されている。名古屋駅の項でも記したが、一見シックなテイストで格好良く見える。だがインパクトが薄いし、表記もわかりにくい。表記の方法を見直すことを一度検討して欲しいと思う。

あえて京都駅で迷宮を探索したい人にお勧めなのは、烏丸口の巨大駅舎「京都駅ビル」

威風堂々とした京都駅烏丸口（北口）の「京都駅ビル」。ほぼ中央に中央口改札が、右手に南北自由通路がある。

八条口（南口）は「京都駅」と書かれたあたりには新幹線改札しかない。在来線は左手の南北自由通路へ進む必要がある。

だ。東側にホテルグランヴィア京都、西側にジェイアール京都伊勢丹が入居し、その間にある中央口改札の上部は、ガラス張りの広大な吹き抜け空間となっている。中央口付近からは東西へエスカレーターと階段で上っていくことができ、西側には高さ35ｍ、171段の大階段があって、コンサートやイルミネーションなどの会場として使用されている。

東西の屋上にはイベントスペースとして活用される、大小さまざまな広場があるほか、芝生や樹木の広がる屋上庭園も備えている。吹き抜けの上部には、45ｍ上空を横断する「空中径路」があり、東広場と西側ビルを結んでいる。京都市内を一望できる展望スペースや、写真映えするスポットもあちこちにある。

なにより、駅の直上にあるにもかかわらず、すいていることが多いのだ。大階段は休日になると人出が増えるものの、屋上庭園や空中径路は高い階層にあって、移動に時間がかかるからか、混雑することは少ない。

東京駅や大阪駅に次ぐ規模ながら、整った形状の京都駅は、迷宮駅の中では迷いにくい駅だ。しかし、迷宮が地下ではなく空中にあるというのは、唯一無二の存在といえる。探索好きな人にとっては攻略しがいのある駅といえる。

難波駅

繁華街の大通り直下に駅と地下街が広がる

急速に繁華街となったことで駅の多くは地下に建設

難波駅が他の迷宮駅と異なるのは、最初にできた路線が私鉄線であることだ。１８８５年（明治18年）に阪堺《はんかい》鉄道（現在の南海電鉄）の難波〜大和川間が開業し、起点駅となった。明治初期の難波は、人家が多少ある程度で、多くはネギ畑だったという。鴨南蛮そばの「南蛮」は「なんば」が変形したものという説がある。

初代の難波駅は１８８８年（明治21年）に火災で焼失し、二代目駅舎が建設される。１８９８年（明治31年）に南海鉄道に経営が移り、１９１１年（明治44年）の三代目駅舎を経て、１９３２年（昭和7年）に作られた現在の四代目駅舎となった。

駅の発展とともに、道頓堀付近の芝居小屋や遊里が周辺へ移転するが、駅の西側は開発が遅れていた。１８８９年（明治22年）に阪堺難波駅の約３００ｍ北西側に作られたのが、大阪鉄道の湊町《みなとまち》駅（現在のＪＲ難波駅）で、鉄道と水運の接続をスムーズにするため、道頓堀川の開削とともに成立した八町の一つである湊町の貯木場跡地に設置された。１９０

0年（明治33年）に関西鉄道が承継し、大阪と名古屋を結ぶ路線（現在の関西本線）が開通する。

大阪市は1925年（大正14年）に周辺の17町27村を編入し、いわゆる「大大阪時代」を迎える。人口、面積とも東京をしのいで日本一に、さらに人口は世界六位の大都市となった。市内に鉄道駅を建設するゆとりは減り、1935年（昭和10年）に開業した地下鉄1号線（現在の御堂筋線）の難波駅以降、難波周辺の駅は地下駅が基本となった。戦後の1965年（昭和40年）には3号線（現在の四つ橋線）の難波元町駅（現在は難波駅に統合）、1970年（昭和45年）には近鉄難波駅（2009年の阪神なんば線の乗り入れで大阪難波駅に改称）が作られている。

現在は「難波」「なんば」と表記が割れている。南海電鉄とOsaka Metroは平仮名の「なんば」を用いているが、乗車券などに記される正式表記はいずれも漢字の「難波」であるため、ここでは漢字表記で統一したい。

御堂筋と千日前通の下を「丁」字に延びる地下道

核となるべきJR駅の規模が小さく、各社のホームが連節型につながっているという点で、難波駅は独特な構造をしている。形状の近い駅を挙げれば渋谷駅となるが、実際に歩いてみると印象はかなり異なる。

まず、南海難波駅以外のすべての駅が、地下にあるということだ。南海難波駅は9面8線のホームが3階にあり、櫛の背の部分と、ホーム中ほどから下りた2階に大きな改札口がある。そこからエスカレーターなどを乗り継ぎ、地下1階まで下りると、御堂筋線難波駅の南南改札の前に出る。駅に平行する地下通路を通り、反対側にある北西改札（難波交差点の下）までたどり着くと、左手に地下2階へのエスカレーターがある。下りれば、近鉄・阪神大阪難波駅と千日前線難波駅の東改札だ。

エスカレーターを下りずに地下1階を西へ向かうと、四つ橋線の北改札が見えてくる。さらに直進すると、JR難波駅だ。一方で、御堂筋線難波駅の北東改札を東に進むと、近鉄日本橋駅と地下鉄日本橋駅につながっている。近鉄・阪神線と千日前線は平行しており、改札・ホームとも同じ地下2階だ。渋谷駅に比べて上下移動が少ないから、階層の把握で混乱する心配は少ない。

構造がシンプルなのは、御堂筋と千日前通という二つの幹線道路の下を、同じ名前の地下鉄が通っているからだ。難波交差点を交点とした「丁」字型の構造で、縦軸が御堂筋、横軸が千日前通となっている。御堂筋線難波駅と南海難波駅が縦軸を補強し、近鉄・阪神大阪難波駅と千日前線難波駅が横軸を補強している。

駅が地下に集中しているから、移動も地下で完結する。千日前通の地下1階部分はなんばウォークという長さ約1㎞の地下街となっており、最東端の日本橋駅から最西端のJR難波駅までを結んでいる。迷ったら地上に出てしまえばいい。千日前通の沿線は東から日本橋、千日前、難波、湊町と、街の雰囲気がそれぞれ異なるため、おおよその場所を把握しやすい。

難点は混雑だ。なんばウォークは、土日祝日はもちろん、平日でも時間を問わず、人が溢れている。特に御堂筋線の北東改札と北西改札付近は人が集中しやすい。一度地上へ出て、11～13番出入口から地下へ入り、中改札から御堂筋線へ入ると、混雑を避けやすい。

運用が複雑な南海と近鉄、行き先が複雑な御堂筋線

5社7線が乗り入れる難波駅だが、それぞれを紐解いてみると運用はかなり複雑だ。南海は複々線化されているため、南海本線のほか、高野線の列車も乗り入れる。そのため大別すると、和歌山方面、関西空港方面、高野山方面、泉北ニュータウン方面の四方面の列

車が発着する。

各方面とも特急列車を設定しているが、和歌山方面へ向かう「サザン」は特別な運用を行っている。他の特急（「ラピート」「こうや」「りんかん」など）は全車で特急料金または座席指定料金を設定しているが、「サザン」は和歌山側の4両のみをクロスシートの有料座席指定車両、他をロングシートの自由席車両とした混結編成列車として運行している。実にユニークで合理的な運用なのだが、初めて乗車する時は混乱しやすい。

近鉄は南海とは異なり、大阪上本町駅までしか複々線化はされていないため、乗り入れるのは基本的に奈良線の列車のみで、途中の布施駅で分岐する大阪線の列車は発着しない。ただし有料の特急列車のみは例外で、名古屋・賢島《かしこじま》・奈良方面の列車が発着する。直通運転を行っている阪神は、基本的に尼崎駅までの運行だ。ただし快速急行だけは、朝晩を除いて神戸三宮駅まで乗り入れている。

地下鉄線は、四つ橋線と千日前線に特筆することはない。厄介なのは御堂筋線だ。難波駅に限ったことではないのだが、御堂筋線は途中駅止まりの列車の割合があまりにも多いことで知られている。

他の地域の地下鉄は、終点までの運行が基本だ。早朝や終電間際の一部列車のほか、日

南海難波駅の駅ビル「南海ビルディング」は国の登録有形文化財に登録されている。

中に車庫の最寄り駅止まりの列車が一部設定されることはあるが、乗客の多い主要区間の途中で運行を打ち切ることは少ない。

しかし御堂筋線は、途中駅止まりの列車が異様に多い。難波駅から下り列車（南行き）に乗車した場合、平日8時台に発着する列車のうち、終点のなかもず駅行きが14本、途中駅止まりが13本だ。上り列車（北行き）も終点の千里中央駅行きが13本、途中駅止まりが12本と1本差だ。

それでも下りはすべての列車が、利用客の多い天王寺駅までは運行する。しかし、上りは悪名高い「中津行き」の列車がいまもしぶとく残る。難波駅から新幹線に乗り換えるためには、御堂筋線で新大阪駅へ向かうのが最短ルートだが、一駅手前の中津駅で止まってしまうのだ。

これが実に腹立たしい。近年では数を減らして、休日は23時台の3本のみの設定となっているが、平日は現在も朝に13本、夕に15本、夜に3本の「中津行き」が残されている。

これは折り返した車両が、ラッシュ時に混雑する梅田駅で積みきれなかった乗客を回収するために、あえて設定されているものだ。ダイヤを工夫して、日中は新大阪駅で折り返す設定としているものの、ラッシュ時は中津駅折り返しの列車を残さざるを得ない状態となっている。新大阪・梅田・難波・天王寺と、大阪の主要四駅にすべて停車する御堂筋線ならではの悩みといえるだろう。

南海難波駅からJR難波駅への乗換ルート

①３階にずらりとホームが並ぶ
南海難波駅

②改札正面の階段・エスカレーター
で地下１階へ

③御堂筋線南改札を左手に、
そのまま直進

④地下街「ekimo なんば」を直進する

⑤御堂筋線北改札前を左折。
右奥に近鉄・阪神線と千日前線の
改札（地下２階）へ向かう階段がある

⑥そのまま地下１階の
「なんばウォーク」を直進する

⑦左手に四つ橋線北改札を
見ながら直進

⑧突き当たりを左折すると
JR 難波駅に到着

天王寺駅

私鉄の戦時合併で生まれた変則的な二層構造

紆余曲折あって国鉄の路線となった阪和線

１８８９年（明治22年）に大阪鉄道の湊町（現在のＪＲ難波）～柏原間が開通した。天王寺駅はこのときに中間駅として開業し、１８９５年（明治28年）には城東線（現在の大阪環状線の東側部分）が作られて、分岐駅となった。１９００年（明治33年）には大阪馬車鉄道（現在の阪堺電軌上町線）と、南海鉄道天王寺支線（廃線）が開通。１９２３年（大正12年）には大阪鉄道（二代目。現在の近鉄南大阪線）が乗り入れ、大阪南部のターミナル駅として、存在感が高まっていった。

昭和に入り、１９２９年（昭和4年）に阪和電気鉄道（現在の阪和線）が乗り入れを開始した。開業時から高架線で建設され、省営鉄道（省線。国鉄の前身）天王寺駅の北側に駅が作られた。ここから南海と阪和は激しい競争を始める。紀州街道に沿って建設された南海は、人口の多い古くからの住宅地に近く、沿線の浜寺海水浴場はレジャー施設として人気を博していた。後発の阪和は、無人の荒地に建設した直線的な線形を活かし、「超特急」と名付けた高速列車を設定。沿線で宅地開発を行って、新たな需要を掘り起こそうとした。

二社の競争は、戦争の勃発で幕を下ろす。阪和電鉄は日中戦争中に南海鉄道に吸収合併されて南海山手線となり、さらに1944年（昭和19年）には山手線のみが国に買収された。こうして天王寺駅は関西本線、城東線、阪和線の省線三線が乗り入れる駅となった。

戦後に入り、1961年（昭和36年）に大阪環状線の西側区間が開業した。大阪〜西九条間は西成線（現在の桜島線）、大正〜天王寺間は貨物線が運行していたため、二区間分の路線と駅の設置を行うだけで環状運転が可能となった。こうして天王寺駅は城東線から大阪環状線の駅となった。

1964年（昭和39年）に新今宮駅が開業すると、南海本線と大阪環状線のアクセスが変化する。南海天王寺支線は利用者が激減し、1984年（昭和59年）に地下鉄堺筋線の延伸による用地確保のため、天下茶屋〜今池町間が廃止されると、完全な盲腸線となり、1993年（平成5年）に全線が廃線となっている。

地下鉄は1938年（昭和13年）に地下鉄1号線（現在の御堂筋線）が天王寺駅まで延伸した。1968年（昭和43年）には2号線（現在の谷町線）も延伸し、現在の形となっている。

二段構造のホームを連絡通路が結んでいる

天王寺駅のホームは変則的だ。1〜9番線は2階部分にある5面5線の頭端式ホームで、主に阪和線（関西空港方面を含む）に利用されている。主要私鉄のターミナルのように、列車の両側にホームがあるタイプで、乗車する人と降車する人の動線を分けている。

この南側の1階部分にあるのが11〜18番線で、こちらは4面7線の島式ホームだ。12番線と13番線の間のみ両側にホームがある、イレギュラーな形状だ。11〜14番線は大阪環状線、15〜18番線は関西本線（大和路線）を中心に、JR難波駅や大阪環状線（新今宮方面）と直通運転を行う列車も発着している。

ホームが二段構造になっているため、連絡通路も二段構造になっている。1〜9番線の東側には3階部分に阪和跨線橋があり、南端から1階分下がって、11〜18番線に接続する東跨線橋となっていく。東跨線橋の南端には東改札口があり、北端は9番線にもつながっている。一方で、1〜9番線の西側は、櫛の背の部分が連絡通路になっていて、中央口改札に直結している。南側は11〜18番線ホームへと下りられる構造だ。

1〜8番線から11〜18番線へ乗り換える場合、1階分下がるだけでいい西側連絡通路のほうが、上下移動は少なくてすむ。ただし、すいているのは東側の跨線橋だ。一段上がっ

JR 天王寺駅と、近鉄大阪阿部野橋駅が入居する「あべのハルカス」。

全て同じホームに発着する関西本線（大和路線・右）に対し、阪和線はのりばがバラバラだ。

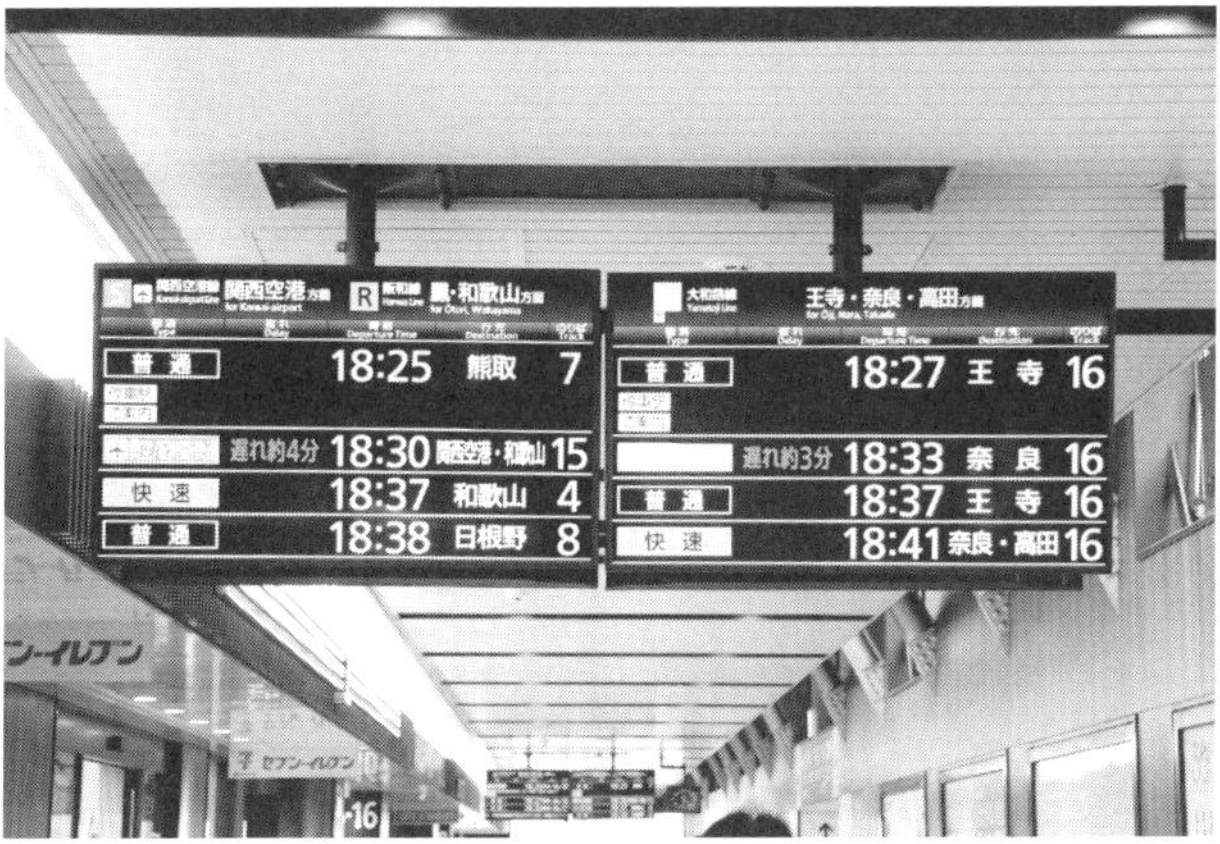

て二段下がるというロスはあるものの、ラッシュなど混雑している時はこちらのほうが乗り換えやすい。

この不思議な二段構造が作られたのは、1〜9番線の部分を旧阪和電鉄が建設したためだ。通過式の島式ホームと、終着型の頭端式ホームの組み合わせは上野駅と共通しているが、建設順序は逆となっている。1993年（平成5年）までは、さらに南海電鉄の天王寺支線のホームも18番線の南側にあったが、現在は駅ビルの一部となっている。

あびこ筋を挟んだ南側に位置する近鉄大阪阿部野橋駅は、上階が日本で最も高いビル「あべのハルカス」となっている。1階に6面5線の頭端式ホームを備えるが、再開発によってJR天王寺駅へ地下と高架でつながった。地下を通れば地下鉄御堂筋線や谷町線、阪堺電車との乗換が可能で、高架ならあべのキューズモール方面へ向かうことができる。JR天王寺駅東口との間には横断歩道があるので、地表レベルでのアクセスも可能だ。

四社の駅が別々の場所にある割には、天王寺駅の乗換利便性は高い。ただし、周辺には再開発が行われた複合ビルと、四天王寺や大坂の陣の遺構などの名所旧跡だけでなく、猥雑でカオスなディープスポットも入り乱れている。散策するときはくれぐれもご用心を。

環状線への直通運転で天王寺駅の利用者は割を食った

現在、大阪環状線には関西本線（大和路線）と阪和線の列車が直通運転を行っている。奈良方面や和歌山方面から天王寺駅に到着した列車が、そのまま大阪環状線の外回り（時計回り）に乗り入れ、再び天王寺駅まで一周するというものだ。区間快速や大和路快速、あるいは紀州路快速や関空快速といったネーミングが用いられている。

直通運転によって、列車種別や行き先の確認をする手間は増えたものの、郊外に住む人や大阪環状線沿線の人にとっては、基本的に利便性は高まった。しかし、天王寺駅の利用者にとっては面倒が増えた。

関西本線を利用する人はまだいい。大阪環状線を回ってくる列車も、JR難波駅始発の列車も、ともに16番線に発着するからだ。しかし阪和線方面は、当駅始発の列車は1～9番線、環状線からの直通列車は15番線とホームが分かれている。同様に大阪環状線の外回り方面も、14番線と17・18番線の双方から発着する。

駅の行先案内表示を見ると、阪和線・関西空港線は乗り場がバラバラだ。トータルの発車本数が多いため、迷ったら最速達の列車にこだわらず、一本遅い列車に乗ることも検討したい。

JR天王寺駅から近鉄大阪阿部野橋駅への乗換ルート

地下ルート（中央口経由）

①西側の平面連絡通路から
中央口改札を出る

②左手奥の階段・エスカレーターで
地下１階へ

③御堂筋線改札の前を右手奥へ向かう

④階段・エスカレーターを上がると
大阪阿部野橋駅西改札に到着

地下ルート（東口経由）

①東側の阪和跨線橋・東跨線橋の
南端へ向かう

②東改札口から外へ出る

③あびこ筋の横断歩道を渡り、
正面の入口へ

④階段で地下へ下りると
大阪阿部野橋駅西改札

博多駅

ホーム形状はシンプルだが連絡通路はトリッキー

戦後しばらくしてようやく現在地へと移転

九州最大のターミナル駅である博多駅は、九州鉄道の１８８９年（明治22年）に博多～千歳川（廃駅。現在の久留米駅北側）間開通に伴って開業した。当時の駅舎は、現駅の約６００ｍ北西にある出来町《できまち》公園付近にあり、博多市街地の南限付近を通っていた。

博多は遣隋使の時代以前から港として栄え、江戸時代に黒田長政が福岡城を築くと、福岡は武家の街、博多は町人の街と大別された。明治期の市制施行の段階になると、市名を「福岡市」とするか「博多市」にするかで、大論争となる。結果、市の名前を「福岡市」に、同年に開通予定だった駅の名前を「博多駅」とする折衷案が通った。

１８９０年（明治23年）には博多～赤間間が開通。その後も東は１８９１年（明治24年）に門司駅（現在の門司港駅）、南も同年に熊本駅、１８９８年（明治31年）には長崎駅まで延伸した。当時は単式＋島式ホームの２面３線という、いわゆる国鉄型の形状で、次第に急増する鉄道需要に耐えきれなくなっていった。

鹿児島駅まで全通（現在の肥薩線経由）した1909年（明治42年）、ルネサンス様式レンガ造りの二代目駅舎が完成する。しかし、早々に貨物需要が増大し、機能の一部を周辺駅に移管する。移転拡張も計画され、都市計画の認可を受けたが、太平洋戦争で中止。1945年（昭和20年）には駅舎が福岡大空襲で被災している。

実際に移転が行われたのは、終戦から18年が経過した1963年（昭和38年）だった。市街地に近づけるために大きく西側に湾曲していた線形を直線的にし、同時に高架化を実施。現在の位置へ駅舎が移った。幸いにも、旧駅の南東側には田園地帯が広がっており、大都市の中心駅の移転としては、障害が少なかった。

高架化によって駅の東西移動が容易になったこと、1975年に山陽新幹線が延伸したこと、ビル誘致条例の制定と合同庁舎建設で筑紫口（東口）が発展したことが重なって、博多駅周辺は急速に都市化されていった。1993年には地下鉄1号線（現在の空港線）が福岡空港まで延伸。2011年には新しい駅ビル「JR博多シティ」が完成し、現在に至っている。

近未来的な雰囲気のJR博多駅博多口。

シンプルなホーム形状と便利な中央自由通路

博多駅は、在来線が4面8線、新幹線が3面6線の島式ホームとなっており、すべてのホームが平行に整然と並ぶ、理想的な配置となっている。駅の規模の割に乗り入れている路線は少なく、在来線は鹿児島本線と篠栗線（福北ゆたか線）のみで、新幹線は山陽新幹線、九州新幹線。他に車両基地と引上線を活用した路線である博多南線が発着する。

博多駅で系統分離する列車は多く、始発・終着列車の待機スペースが必要とはいえ、それでもホームの数は余剰に感じるほどだ。これは現在地に移転した際に、広大な敷地を活かして、2面4線分の増設が可能な余地を残しておいたことが背景にある。結果的に、増設スペースは山陽新幹線のホームとして活用され、九州新幹線の開業にあたってさらにスペースの効率化が図られて、計3面6線となった。

構造も極めてシンプルだ。中央に博多口（西口）と筑紫口をつなぐ自由通路があり、駅の東西を結ぶ大動脈となっている。両側には改札（中央口・北口）があり、中に入ると南北にそれぞれ連絡通路がある。しかし、この連絡通路が中2階と表記されていることには少々戸惑う。自由通路が1階、在来線ホームと新幹線のコンコースが2階となっているため、中間の階層である連絡通路は中2階とせざるを得ないのだが、ちょっとわかりにくい。

全体の構造は整っている一方で、細部はいろいろと難点がある。まず、1〜6番線と新幹線のみ接続する3階の連絡通路だ。スペースの都合上、在来線のうち、7・8番線だけは直接向かうことができないという、トリッキーな構造となっている。

連絡通路に小さな改札口が多いのも特徴で、この3階連絡通路には博多シティ口、中2階中央通路にはアミュプラザ口と阪急百貨店口、中2階東通路には東急ハンズ口とマイング口、7・8番線直通のＩＣカード専用改札口、そして新幹線にはひかり広場口という改札がある。出入りする場所が多いのは便利なのだが、どの場所にどの店舗があるか知らない人には、区別がつかない。

そして、なにより「中2階東通路」というネーミングがくせ者だ。中央の自由通路を境に、南側は改札が中央口と新幹線中央乗換口、連絡通路が中2階中央通路と、すべて「中央」で統一されている。しかし、北側は改札が北口と新幹線北乗換口なのに対し、連絡通路のみ「東」通路なのだ。これればかりは名付けた人のセンスを疑ってしまう。

地下街は細かく分かれていて全体像が掴みづらい

中央の自由通路からアクセスできる地下鉄空港線は、国内では屈指の利便性を誇る路線だ。福岡空港と博多駅、中心市街地の天神と中洲、さらに福岡城址のある大濠《おおほり》公園や福岡PayPayドーム（福岡ドーム）の最寄り駅である唐人町《とうじんまち》など、福岡市内の主要部をほぼ網羅している。1面2線のホームへの動線もわかりやすい。

地下鉄駅の周辺には地下街が広がっている。博多口には物販街の博多駅地下街と、飲食街の博多1番街、ファッションビルのアミュプラザ博多の地下フロアがある。駅の南部分は博多阪急のデパ地下「うまちか！」に接続しており、筑紫口の北側は博多デイトスの地下フロア「博多のごはん処」、南側はアミュエストの地下フロアとなっている。

中央の自由通路と直接アクセスできない「うまちか！」を除けば、構造はそれほど複雑ではないのだが、小中規模のモールが連なる形で構成されているからか、全体を表した案内表示が少ない。ＪＲ博多シティと博多ステーションビルという、ＪＲ九州に関係する会社が運営しているだけに、博多駅周辺の地下を一覧できるマップを用意してほしいものだ。

地下空間は、２０２２年度に開通予定の地下鉄七隈線によって、さらに広がりそうだ。博多口の南側に位置するはかた駅前通りの地下に建設中で、地下４階にコンコース、地下５階に１面２線の島式ホームが設置される。空港線からの乗換距離は約１５０ｍ、ＪＲ線は約１８０ｍとなる見込みで、移動はちょっと面倒だ。

武家地と町人地が現在も福岡市の二大繁華街になっている

福岡には天神という繁華街があり、こちらには西日本鉄道の福岡（天神）駅と、空港線の天神駅、七隈線の天神南駅がある。西鉄は４面３線の頭端式、地下鉄はいずれも１面２線の島式ホームと、駅の構造はシンプルだ。渡辺通りの地下に広がる天神地下街は、博多駅をしのぐ華やかさで、福岡パルコやソラリアステージ、福岡三越や大丸福岡天神店、岩田屋など周辺の百貨店や商業施設とも接続している。雨に濡れずに移動できる範囲も、博多駅より広い。

天神も街の構造はシンプルだ。市街地は渡辺通りを中心に、東は那珂川、北は昭和通り、西は天神西通り、南は国体道路の範囲と、コンパクトにまとまっており、碁盤目状の形状だから、迷う心配は少ない。

探索を楽しみたい人には、福岡は博多駅と天神の両方を散策できる一挙両得な街だ。江戸時代に武家地だった天神と、町人の街だった博多の街並みの違いを比較するのも面白いだろう。

迷宮駅は進化を続けている。特に東名阪の三大都市圏の駅では、複雑な動線を解消し、混雑が少なく迷いにくい構造にするため、再開発と一体的な整備が進められている。現在進行中の渋谷駅や大阪駅を歩いてみると、あまりの複雑さに憂鬱な気分になるが、一段落した東京駅や横浜駅、京都駅などは以前より格段に利用しやすくなった。

再開発中の駅がなにより厄介なのは、遠回りを強いられることでも、見通しが悪くなることに尽きる。頻繁に動線が変わることだ。結局、迷宮駅を攻略する最大のコツは、慣れることなのだ。コロナ禍以前は一日あたりの乗降客数が約350万人（各社合計）に達し、ギネス世界一に認定された新宿駅だが、あれだけ複雑な構造であっても、慣れてしまえば誰でも迷わず利用できるようになるものだ。

近い将来、駅の動線改良によるハード面の進化は限界に達するだろう。今後は案内表示のわかりやすさなど、ソフト面の改良を模索していくしかない。2004年に東京メトロと都営地下鉄、２０１６年にＪＲ東日本が駅ナンバリングを導入したことで、案内表示に路線マークを使うことが定着した。自治体などが管理する公共の通路では、周辺地図に路線のアイコンを使うことが徐々に増えてきたことで、瞬間的に出入口やホームの場所を把握しやすくなった。

あとは他社線の案内表示にも、路線マークが使われることが定着して欲しい。自社路線はマークで表示しても、他社線は汎用のアイコンを用いる鉄道会社が多い中、ＪＲ東日本は品川駅の構内で、京急線を「車体色の赤地＋コーポレートカラーの水色マーク」で、ＪＲ東海の東海道新幹線を「青地＋新幹線のアイコン」で表示している。この組み合わせが、実にわかりやすい。ぜひ、各社で取り組んで欲しい試みだ。

鉄道会社が協力して、統一したルールに基づいたマークやデザインを施してくれれば、もっと駅は利用しやすくなる。床面や壁面の誘導表示など、新しい工夫も増えてきた。迷宮駅にはまだまだ改良と進化の余地が数多く残されている。

参考文献

『東京駅物語』岸本孝（弘済出版社）
『東京駅はこうして誕生した』林章（ウェッジ）
『東京駅歴史探見 古写真と資料で綴る東京駅90年の歩み』
長谷川章、三宅俊彦、山口雅人（ＪＴＢ）
『絵解き東京駅ものがたり 秘蔵の写真でたどる歴史写真帖』
（イカロス出版）
『東京駅の歴史』関口要之助
『新宿の迷宮を歩く ３００年の歴史探検』橋口敏男（平凡社）
『そうだったのか、新宿駅 乗降客数世界一の駅の１４０年』
西森聡（交通新聞社）
『迷い迷って渋谷駅 日本一の「迷宮ターミナル」の謎を解く』
田村圭介（光文社）
『えきぶくろ 池袋駅の誕生と街の形成』（豊島区立郷土資料館）
『西武池袋線 街と駅の1世紀』矢嶋秀一（彩流社）
『山手線 駅と町の歴史探訪 29駅途中下車地形と歴史の謎を解く』
小林祐一（交通新聞社）
『札幌駅百年史』（札幌駅百年史編纂委員会）
『横浜駅物語』（神奈川新聞社）
『名古屋駅物語 明治・大正・昭和・平成～激動の１３０年』徳田耕一
（交通新聞社）
『鉄道と街・名古屋駅』大野一英、林鍵治（大正出版）
『大阪駅の歴史』（大阪ターミナルビル株式会社駅史編集委員会）
『国鉄・ＪＲ関西圏近郊電車発達史 大阪駅１４０年の歴史とアーバン
ネットワークの成立ち』寺本光照（ＪＴＢパブリッシング）
『上野駅一〇〇年史』（日本国有鉄道上野駅）
『上野駅物語 上野と浅草を育てたふるさと駅』塩田道夫（弘済出版社）
『京都駅物語 駅と鉄道１３０年のあゆみ』荒川清彦（淡交社）
『ＴＨＥ 南海電鉄 日本最古の民鉄歴史を誇る南海』広岡友紀（彩流社）
『図説 駅の歴史 東京のターミナル』交通博物館（河出書房新社）
『鉄道ピクトリアル ２０１３年８月号』（電気車研究会）

迷宮駅《めいきゅうえき》を探索《たんさく》する

二〇二一年九月二四日 第一刷発行

著者 渡瀬《わたせ》基樹《もとき》

発行者 太田《おおた》克史《かつし》
編集担当 持丸《もちまる》剛《つよし》

発行所 株式会社星海社
〒一一二-〇〇一三
東京都文京区音羽一-一七-一四 音羽YKビル四階
電話 〇三-六九〇二-一七三〇
FAX 〇三-六九〇二-一七三一
https://www.seikaisha.co.jp/

発売元 株式会社講談社
〒一一二-八〇〇一
東京都文京区音羽二-一二-二一
(販売) 〇三-五三九五-五八一七
(業務) 〇三-五三九五-三六一五

印刷所 凸版印刷株式会社
製本所 株式会社国宝社

アートディレクター 吉岡秀典《よしおかひでのり》(セプテンバーカウボーイ)
デザイナー 五十嵐《いがらし》ユミ
フォントディレクター 紺野慎一《こんのしんいち》
校閲 鷗来堂《おうらいどう》

ISBN978-4-06-525048-8
Printed in Japan

197
SEIKAISHA SHINSHO

次世代による次世代のための

武器としての教養
星海社新書

星海社新書は、困難な時代にあっても前向きに自分の人生を切り開いていこうとする次世代の人間に向けて、ここに創刊いたします。本の力を思いきり信じて、みなさんと**一緒に新しい時代の新しい価値観を創っていきたい。若い力で、世界を変えていきたいのです。**

本には、その力があります。読者であるあなたが、そこから何かを読み取り、それを自らの血肉にすることができれば、一冊の本の存在によって、あなたの人生は一瞬にして変わってしまうでしょう。**思考が変われば行動が変わり、行動が変われば生き方が変わります。**著者をはじめ、本作りに関わる多くの人の想いがそのまま形となった、文化的遺伝子としての本には、大げさではなく、それだけの力が宿っていると思うのです。

沈下していく地盤の上で、他のみんなと一緒に身動きが取れないまま、大きな穴へと落ちていくのか？　それとも、重力に逆らって立ち上がり、前を向いて最前線で戦っていくことを選ぶのか？

星海社新書の目的は、**戦うことを選んだ次世代の仲間たちに「武器としての教養」をくばることです。**知的好奇心を満たすだけでなく、自らの力で未来を切り開いていくための〝武器〟としても使える知のかたちを、シリーズとしてまとめていきたいと思います。

2011年9月

星海社新書初代編集長　柿内芳文

SEIKAISHA SHINSHO